근대 100년의 뿌리를 찾아서 ①

동학 원형을 찾아 떠난 중앙아시아 기행 에세이

고려인 숨결 따라
동학 길 따라

송범두 지음

라운더바우트
roundabout

동학 원형을 찾아 떠난 중앙아시아 기행 에세이
고려인 숨결 따라 동학 길 따라

발행일 2019년 8월 1일 1판 1쇄 발행
지은이 송범두
디자인 이경일
교열·교정 김웅렬

인쇄처 예림인쇄
인쇄인 김주헌

발행처 도서출판 라운더바우트
발행인 최희영
등록번호 제25100-2018-000090호

전화 031-316-1929(팩스 겸용)
E-Mail roundabout2019@naver.com
주소 서울시 구로구 구일로 90-15 천인빌딩 301호

ISBN 979-11-965764-2-4(03800)

ⓒ송범두

값 18,000원

*사전 동의 없는 무단 전재 및 복제를 금합니다.
*본문 속 고려인 자료 사진 일체의 저작권은 고려인연구가 김병학 씨에게 있습니다.
*잘못 만들어진 책은 바꾸어 드립니다.

들어가며

    2018년 1월 29일부터 일주일 동안 우즈베키스탄을 다녀왔다. 평창동계올림픽을 계기로 남북 정상회담이 적극 추진되던 시점이었다. 그리고 2017년 '중앙아시아 고려인 정주 80주년의 해'에 이어 2018년 '3·1운동 99주년'을 맞아 독립운동에 헌신했던 중앙아시아 고려인들이 새롭게 조명받던 시점이었다.

    사단법인 동학민족통일회 상임의장으로서 문재인 대통령의 핵심 정책 중 하나인 신북방정책의 현장을 살펴보고, 중앙아시아 고려인들의 삶과 애환을 직접 들어보고자 떠난 여행이었다. 그리고 동학혁명의 국가기념일 제정이 논의되는 가운데 중앙아시아 고려인들의 삶에 스며들었던 동학 DNA의 원형을 찾고자 떠난 여행이었다.

동덕同德 두 사람과 히바와 부하라, 사마르칸트, 타슈켄트를 거치면서 여러 사람의 고려인들을 만났다. 그들로부터 1937년 스탈린에 의해 강제 이주된 뒤 상상조차 힘든 고통 속에서도 겨레얼과 우리말을 잊지 않으려고 노력했던 지난 삶을 경청했고, 남북통일에 대한 그들의 열망을 듣는 데도 많은 시간을 할애했다. 또 그들의 삶 속에 녹아든 시천주侍天主와 사인여천事人如天, 인내천人乃天 사상의 생활 속 지혜들을 살펴보고자 노력했고, 해외 포덕을 위한 심고心告에도 많은 정성을 기울였다.

여행길에서는 또 광활하게 펼쳐진 사막과 목화밭을 바라보며 일제강점기 징용을 피해 만주를 주유했던 선친의 고단했던 삶도 되돌아봤다. 그리고 중대장 시절 스물일곱의 젊은 나이로 최전방 임무 수행에 나섰다 순국한 작은형님을 떠올리며, 수운 최제우 대신사님의 말씀을 빌려 그가 내게 가르쳤던 보국안민輔國安民의 리더십에 대해서도 곱씹어본 계기였다.

그 밖에도 동서 문명의 교차로였던 우즈베키스탄의 역사

와 문화를 바라보며 지즉위진간知則爲眞看, 즉 '아는 만큼 보이는 여행'의 가치를 되새겼음은 물론 천도교 중심으로 펼쳤던 3·1운동 100주년(2019), 《개벽》 창간 100주년(2020), 근대 건축사적 기념비이자 독립운동의 성지기도 했던 중앙대교당 준공 100주년(2021), 의암성사 환원 100주년(2022), 어린이날 첫 행사 100주년(2023), 수운 대신사 탄신 200주년(2023) 등 앞으로 계속 이어질 뜻깊은 천도교 기념일들을 어떻게 효과적으로 알리고, 또 어떻게 하면 좀 더 효과적으로 이를 교단 중흥의 계기로 삼을 수 있을 것인가 고민한 시간이기도 했다.

사실 진작 나왔어야 할 책인데 이제야 머리말을 쓰고 있어 출판사 측에 미안하다. 여행 직후 펴내기로 했던 책이 차일피일 미뤄졌다. 2018년은 넘기지 말자고 약속했음에도 교령 선거가 눈앞에 있어 오해의 소지를 피하려다 또 늦춰졌다. 그러다 보니 교령 취임 직후 치른 동학혁명 국가기념일에 대한 이야기까지 추가해달라는 출판사 측의 요청을 피할 수 없게 됐다. 또 종로 태화관 터에 세워질 '3·1운동 100주년 기념비'에 대한 단상도 좀 더 추가해야 했다.

책이 나오기까지 수고해준 일암一菴 이경일 동덕同德과 《미르지요예프 우즈베키스탄 대통령》 평전을 쓴 조철현 작가에게 고마움을 전한다. 그리고 이 기회를 빌려 부족한 사람에게 큰 자리를 맡겨 봉사하도록 해준 숙덕 어르신, 천도교의 중흥과 해외 포덕에 적극적으로 나서라고 사명감을 부여한 중앙총부에도 깊이 감사드린다.

2019년(포덕 160년) 7월

천도교 중앙총부 교령사에서

신암 송범두 심고

목차

들어가며 ··· 5

제1장 히바Khiva 토성에서 신라 성곽을 읽다

중앙아시아에서의 첫 새벽 ······································· 21
유네스코 세계문화유산의 도시 히바 ······················· 31
고대부터 교감 있었으리라 추측 ······························· 43
호라즘 문명권을 떠나며 ·· 57
남북이 하나 되어 감싸야 할 고려인들 ····················· 70
신한촌 고려인 사회와 동학 천도교 ·························· 87
광활한 사막에서 조카 '명철'을 떠올리다 ················ 98

제2장 '고려아리랑'을 아십니까?

'지붕 없는 박물관' 도시 부하라 ——————— 111

문장군蚊將軍, 당신들이 문제야 ——————— 122

유적지를 거닐며 아내를 생각하다 ——————— 135

단절된 중앙아시아 동학 물길 ——————— 148

큰 고통 속에서도 '겨레얼' 지킨 고려인들 ——————— 162

종교도 하나 되고, 남북도 하나 되는 세상을 꿈꾸며 ——————— 175

매일 만지는 우리 지폐에 우즈베크가 있다? ——————— 190

70여 년 전의 아버지 모습과 만나다 ——————— 199

'남해인'이 자랑스러운 평생 남해 사람 ——————— 211

제3장 우즈베키스탄에서의 마지막 이틀

사마르칸트에서 만난 '고구려 사신도'	229
한국 유학 바라는 고려인 후손들의 꿈	238
대한민국 근대 문화 이끈 동학 천도교	247
고속열차에서 떠올린 《백년을 살아보니》	255
인생 70, 가장 잘한 일은 뭐였을까?	262
마침내 타슈켄트	270
공항 인터뷰 통해 중앙아시아 포덕 구상을 밝히다	285

제4장 그리고 그 뒤 : 2018~2019

2018 여름 지나 겨울 너머 ———————————— 301
2019 봄과 여름 사이 ———————————————— 314

제1장

히바Khiva 토성에서 신라 성곽을 읽다

중앙아시아에서의 첫 새벽

또 꿈을 꿨다. 이번엔 작은형님이었다. 어제 이곳으로 오는 기내에선 아버님이 오셨었다. 새벽 네 시. 한국과 이곳 우즈베키스탄의 시차는 네 시간이다. 그러고 보니 서울은 아침 여덟 시다. 작은형님과의 야릇한 꿈결 조우 탓도 있었지만 오랜 습관대로 벌써 깼을 시간이다.

히바Khiva. 어제 하루 사이 제법 먼 곳까지 왔다. 이 나라의 수도 타슈켄트에서도 서쪽으로 750km가량 떨어진 오지다. 인천공항에서 여덟 시간도 더 걸린 것 같다. 하지만 운 좋게도 직항을 이용해 그나마 수월했다. 우르겐치Urgench 공항에서 듣자니 1992년 양국 수교 이후 인천-우르겐치 간 직항은 이번이 처음이라고 했다. 전세기라 가능했다. 그렇지 않았다면 타슈켄트로 와서 국내선을 갈아타야 올 수 있는 곳이었다. 그렇다 보니 한국 관광객들의 발걸음도 그리 잦지 않은 고대 유적지다.

침대에 걸터앉아 냉수를 들이켰다. 너무 피곤했던 탓인가? 어제 아버님 꿈도 그랬고, 오늘 작은형님 꿈도 그랬다. 줄거리가 없었다. 뭔 이야기인가를 나눴던 것도 같은데 깨고 나니 두 차례 모두 안개처럼 사라졌다. 그저 희미한 기억 하나만 분명했다. 아버님은 오랜 병상의 생전 모습대로 지친 표정이었다. 그리고 작은형님은 월남 파병 때 야자수 아래에서 찍어 보냈던 사진 그대로다. 씩씩한 군인 모습. 작은형님 현몽 때마다 나타나는 단골 캐릭터다.

창밖은 아직 미명이었다. 이곳에서도 내 어릴 적 고향 마을의 새벽처럼 닭 울음소리가 들릴까? 이런저런 상념에 젖다 트렁크를 뒤졌다. 불현듯 작은형님이 그리웠다. 어느덧 올해로 50주기였다. 만 27세에 가셨으니 이승보다 저승 생활이 두 배쯤 길어졌다. 여행 계획을 세우면서 주섬주섬 부모님 사진을 챙겨 일찌감치 가방 속에 쟁여뒀다. 그런 모습을 보며 아내가 "에구 나이 70 되시니 안 하던 짓 하시네" 웃으면서 사진 액자를 닦아줬다.

내친김에 작은형님 사진까지 챙겨뒀다. '올해가 50주기구나.' 새해 아침 그런 생각이 들며 갑작스레 반백년이란 숫자가 묵직했다. 게다가 딸아이가 두어 달 전 〈전우신문〉에 실렸던 작은형님 기사를 들고 와 우리 부부가 한바탕 눈물을 쏟았던 일도 있다. 초등학교 선생으로 있는 녀석이 국립중앙도서관에 갔다가 혹시나 하고 찾아봤더니 1968년 6월 26일 자 신문에 큰아버지 기사가 있어 복사해왔다는 얘기였다. 참으로 기특했다.

'브비추랩 철거 중 순직한 고 송분호 소령 부대장'

부비트랩booby trap을 당시에는 '브비추랩'이라 표기했던 모양이다. 이 살상 무기는 적군의 길목에 설치해 건드리면 터지도록 한 폭발물이다. 작은형님은 월남 파병에서 돌아와 중대장으로 최전방 근무 중 철책선 침투로 정비에 나섰다 순국했다. 때는 1968년 김신조 침투조가 청와대를 습격했던 1.21사태 직후였다.

> 지난 21일 상오 육군 제8650부대 연병장에서는 부대 장병 다수가 참석한 가운데 지난 19일 브비추랩 철거 중 순직한 고 송분호 소령에 대한 부대장이 엄수되었다. 고 송 소령은 이날 중대원을 이끌고 설치된 브비추랩을 철거하고자 작전지역으로 이동했는데 부대 장병을 안전지대에 머물게 한 다음 단독 작업 중 참변을 당한 것이다.

이 사고 3년 전엔 부하 장병들을 구하기 위해 온몸으로 수류탄을 덮쳐 산화했던 강재구 소령이 있었다. 그의 희생정신은 교과서에도 실렸다. 많은 사람이 작은형님의 희생정신을 '제2의 강재구 소령'이라 불렀다. 그리곤 작은형님도 강재구 소령과 같은 국립서울현충원 54묘역에 안장됐다. 이 묘역은

6.25 전쟁 중 전사자와 1960년대 순직한 군인들을 모시고자 조성됐다.

내 나이 꼭 스무 살 무렵. 그로부터 70까지 50년을 살며 나는 단 한 차례도 작은형님을 잊은 적이 없다. 그리고 현충원 제54묘역 5열 1,954호에 묻힌 그가 월남에서 수시로 보내왔던 여덟 살 아래 막냇동생에 대한 사랑을 평생 간직하며 살아왔다. 오심즉여심吾心卽汝心. '내 마음이 곧 네 마음'이란 말을 유난히 좋아했던 작은형님은 청년기 시절의 내게 장대한 꿈을 심어줬다. 그리고 '작은 거인'이란 별명을 붙여주며 리더로서 자질을 키워준 상징적 사표師表였다.

친구 K에게

날세, 범두. 작은형님 꿈을 꿨구먼. 어제 공항에서도 문자 보냈듯 늦둥이 막내아들 청첩 받고도 떠나온 미안함 있어 몇 자 적네. 오늘 마침 서울 간다는 여행사 직원이 있어 인편을 통해 미안한 마음 다시 보내니 헤아려주면 고맙겠네.

우즈베키스탄에 잘 도착했네. 여기는 히바라는 오래된 도시일세. 어제 늦은 시각 호텔에 들어와 비몽사몽 한숨 자고 나니 조금 전 첫닭이 울어 자네 생각이 다시 났네. 여기나 거기나 사람 사는 세상은 매한가지인 듯 닭 울음소리까지 남해 구미동 토종닭과 같아 아직은 먼 땅 와있는지 실감조차 안 나는데 작은형님 꿈까지 꿔 오늘 새벽 심고心告가 특별히 먹먹했네.

이제 날이 밝으면 관광에 나설 예정이네만 왜 이 먼 곳까지 왔는가, 보다 자세한 내용은 첨부하는 내용을 참고해 봐주게. 어제 출발 전 인천공항에서 한 인터넷신문과 인터뷰한 기사일세. 와이파이가 안 터져 어젯밤 호텔에 부탁해 프린트해놓은 게 있어 보내니 살펴봐주면 고맙겠네.

아무튼 여기 오기 전 이리저리 수소문해 수도 타슈켄트까지 가는 동안 중간 중간에 네댓 분의 고려인을 만나기로 시일 잡았는데 아무런 소득 없다 해도 그분들을 직접 만난다는 것만으로도 내 오랜 체증이 풀릴 것 같아 보람 있네. 그들이야말로 동학의 원형을 그대로 간직한 진정한 동학쟁이들일 테니 얼굴 보고 우리말 섞는 일만으로도 감흥 있을 걸세. 혼인 대사 급대사라 하였거늘 멀리서나마 다시 축복하네. 2018년 1월 30일 새벽, 낯선 땅에서 신암 배. 추신 : 첨부 기사 1장.

여행길에서 만난 사람 ① | 송범두 동학민족통일회 상임의장

2018년 1월 29일 출국에 앞서 인천공항에서 인터넷 언론과 인터뷰를 했다. 사진 왼쪽은 이번 여행의 일행 중 한 사람인 이영옥 동덕(同德)이고, 오른쪽은 주한 우즈베키스탄 대사관의 사르도르(Sardor Sadikov) 서기관이다.

"여러 재료가 된장 맛과 어우러져 시원한 국물맛을 내는 게 된장찌개 아닙니까? 그런데 그것이 일정 온도가 돼서 끓기 전까지는 각자가 자기 고유의 맛만 냅니다. 그야말로 호박은 호박대로, 양파는 양파대로, 된장은 된장대로 말이지요."

29일 인천공항에서 만난 송범두 동학민족통일회 상임의장은 대뜸 된장찌개 얘기부터 꺼냈다. 그는 사라진 동학 정신을 찾으려 일행과 함께 이번 우즈베키스탄 여행길에 동참하게 됐다면서 중앙아시아 고려인들이야말로 참 동학인이라는 생각을 오랫동안 해왔다고 강조했다.

"그런데 된장찌개가 말이지요, 일단 끓기 시작하면 각자 맛은 그대로 유지하면서 된장 맛과 잘 섞여 맛깔스러운 된장찌개가 되는 것 아니겠습니까? 동학 정신도 그렇게 만들어진 우리 고유의 겨레 정신입니다. 한데 동학 정신 고유의 맛이 많이 사라졌습니다. 혹은 아직 덜 끓은 동학 된장찌개만 만연하고 있습니다. 그러나 고려인들만큼은 아직 우리 고유의 동학 정신을 그대로 간직한 채 살아가고 있을 것이란 믿음에 이번 여행길을 따라나섰습니다."

그는 1937년 스탈린의 강제 이주 정책으로 연해주를 떠나 중앙아시아로 이주한 고려인들의 뼛속 깊은 곳에 동학 정신이 살아있을 거라는 믿음을 갖고 있다. 그들과 함께 오랫동안 어울려 산 우즈베키스탄 국민에게도 당연 동학 정신이 스며

있을 거라는 믿음도 있다.

미르지요예프 우즈베키스탄 대통령에 대한 책을 읽으면서 '모든 정책은 국민을 위해 존재해야 하고, 모든 공직자는 국민을 모셔야 한다'고 강조한 취임사를 보고 그는 절로 고개가 끄덕여졌다고 했다. 그것이 곧 '인간 존엄성'을 중시했던 '사인여천事人如天'이고, '사람이 하늘'이라 했던 '인내천人乃天' 동학 정신이었기 때문이다.

이번 여행길에서 그는 기회가 닿는 대로 우즈베키스탄 내 고려인들을 많이 만나고 싶다고 했다. 특히 아직은 많이 생존해있을 고려인 3세들로부터 그들의 할아버지나 아버지로부터 들었던 구한말의 동학운동 이야기를 구술 채록해가고 싶다는 의견까지 보탰다. 더불어 동학 정신의 정수를 담은《동경대전東經大全》과《용담유사龍潭遺詞》등을 향후 러시아어로 번역해 그 깊은 뜻을 중앙아시아로 확산시키고 싶다는 구상도 밝혔다.

"동학 정신은 나라가 어려울 때마다 민족의 횃불이 됐던 구심점입니다. 19세기 말 동학혁명은 물론이고 일제강점기 때 동학 천도교를 중심으로 펼쳤던 3·1 독립운동이 그 대표적인 사례죠."

그가 상임의장으로 있는 사단법인 동학민족통일회는 동학 이념의 사회적 구현과 민족의 자주, 민주, 통일을 실현하고자 1991년 5월 창립된 천도교 전위단체다. 그동안 수많은 남북 교류 사업을 펼쳐오며 한반도 긴장 완화에 크게 기여해온 이 조직의 수장으로서 그는 향후 중앙아시아의 참 동학인들과 함께 더 큰 통일 운동을 펼치려는 여러 계획 속에 있다.

29일 오전 열한 시, 주한 우즈베키스탄 대사관이 기획한 '위대한 실크로드, 고대 도시로의 여행단' 150여 명과 함께 우즈베키스탄으로 향하는 그는 천도교단의 차기 최고 지도자로도 유력하게 거론되는 인사다. 그의 이번 우즈베크 여행과 고려인 방문 일정이 향후 그의 원대한 구상과 맞물려 어떤 결실로 나타날지 주목된다.

유네스코 세계문화유산의 도시 히바

　오늘 예상 기온은 낮 최고 영하 6℃, 아침 최저 영하 16℃다. 바람이 많이 불어 체감온도는 영하 30℃도 넘을 것 같은 매서운 날씨였다. "좋은 계절 다 놔두고 왜 하필 이때냐"고 핀잔주던 아내의 잔소리가 생각났다. "중앙아시아로 강제 이주한 고려인들에게 그 시절 어디 좋은 계절만 있었겠나?" 아내에게 내뱉은 내딴의 강변이었지만 입이 얼어붙을 정도의 추위 앞에선 살짝 후회가 밀려왔다.

　"이곳 히바는 부하라Bukhara, 사마르칸트Samarkand와 함께 우즈베키스탄의 대표적 3대 관광지 중 하나입니다. 한국으로 치자면 경주 같은 고도古都인데요, 특히 지금 우리가 와있는 이곳 이찬칼라Ichan Kala는 마을 전체가 유네스코 세계문화유산에 등재돼있을 만큼 국제적으로도 유명한 곳입니다."

여행 가이드는 우리말이 제법 능숙한 고려인 4세였다. 입을 열 때마다 입김 한 움큼이 모락모락 피어올라 히바 동장군의 기세를 대변했다. 그는 우즈베키스탄 관광에 앞서 반드시 '쓰리 엠(3M)'부터 외워두라고 강조했다. 오늘 히바 관광은 물론 이후의 부하라와 사마르칸트 관광에서도 자주 듣게 되는 유적지 이름 대부분이 M으로 시작된다는 얘기였다. 말하자면 한국 관광지 이름마다 따라붙는 사·성·궁寺·城·宮 같은 개념이 곧 우즈베키스탄의 3M이라고 말해 '관록 있는 가이드답다'는 믿음을 안겨줬다.

그가 소개한 첫 번째 M은 모스크Mosque로 이슬람 사원이다. 그리고 두 번째 M은 미나레트Minaret로 모스크 곁에 붙은 일종의 첨탑이다. 교회 종탑처럼 예배 시각을 알려주는 기능 외에도 모스크의 위치를 알려주는 상징탑 역할까지 하고 있다. 그리고 나머지 또 다른 M은 메드레세Medressa로 대강

당과 도서관, 교실, 개인용 공부방 등을 갖춘 이슬람 교육 시설이다.

"이곳 이찬칼라 내성 안쪽엔 20개의 모스크와 20개의 메드레세, 그리고 6개의 미나레트가 잘 보존돼있습니다. 그중 가장 대표적인 모스크는 주마 모스크Juma Mosque로 이찬칼라 모스크들 중 역사가 가장 오래됐습니다. 10세기 때 처음 지어졌습니다. 이따 직접 가서 보시면 알겠지만 3m 간격으로 세운 내부 기둥들이 참 인상적인데요, 제가 다 세어보지는 못했지만 기둥 수가 212개라고 합니다. 그리고 가장 유명한 미나레트는 이슬람 훗자 미나레트Islam Khoja Minaret인데요, 높이가 45m나 돼서 이찬칼라 어디서든 이 첨탑을 볼 수 있습니다. 또 메드레세 가운데 가장 대표적인 곳은 모하마드 라힘 칸 메드레세Muhammand Rahimhan Medressa인데요, 개인 공부방이 76개나 되는데 공교롭게도 이 메드레세가 1876년에 완공돼 76개라는 숫자를 기억하기가 좋았습니다."

이제 직접 현장 답사를 시작하자는 가이드의 말에 따라 목도리를 다시 한번 추슬렀다. 햇살이 들면서 맹추위가 한풀

히바 이찬칼라 내성 모습. 가운데 우뚝 솟은 탑이 이 유적지의 랜드마크인 45m 높이의 이슬람 호자 미나레트다. 내성을 둘러싼 고대 토성에서 나는 신라시대의 성곽 모습을 읽게 됐다. 둘의 모습이 너무나 흡사했다.

꺾이긴 했지만 동장군의 기세는 여전했다. 제법 두껍게 차려입은 외투 속으로 시베리아 한파가 비집고 들어오며 가뜩이나 작은 체구를 더욱 작게 만들었다. 작은 거인 범두, 어깨를 펴라! 입으로는 이렇게 외쳤지만 1분도 안 돼 다시 움츠러드는 고희古稀의 발길이 무거웠다.

중앙아시아는 고려인의 아픈 역사 이전에 이슬람을 먼저 알아야 관심이 돋는 문명적 교차로다. 다른 무엇보다 역사 공부에 재미를 붙였던 나로서는 일찍부터 이 지역에 눈길이 갔다. 특히 우리로선 통일신라시대에 해당하던 751년 이 지역엔 돌이킬 수 없는 역사적 변곡점이 찾아왔다.

이슬람 세력과 맞섰던 당나라가 탈라스 전투에서 패하며 중앙아시아 전역이 이슬람 문명권으로 재편됐다. 751년은 마침 신라 대상 김대성이 불국사를 창건했던 그해다. 따라서 기억하기에도 좋은 연표였다.

"맨 그게 그거 같아 재미가 없어."

앞서가던 일행 중 한 사람이 옆 사람을 보며 투덜댔다.

"그러게 말이여. 날씨까지 추우니까 더 재미가 없구먼. 이 모스크나 저 모스크나 사진 찍어봤자 똑같고, 메드레세인지 맨살드레스인지 그것도 거기가 거기 같으니까 이제 그만 돌아가면 좋겠구먼."

옆 사람의 투덜거림은 더 심했다. 그의 불평을 듣던 또 다른 옆 사람은 그보다 한술 더 떠 이슬람 종교까지 타박해 듣기조차 민망했다.

"교회 집사가 돼서 이거 다른 종교 성지 순례나 하고 있으니 하늘이 더 노하신 것 같아. 얘기 듣자니까 어제까지는 이렇게 춥지 않았다는구먼. 이런 유적지들 말고 사진 찍어갈 만한 좀 더 근사한 데 없느냐고 당장 가서 가이드한테 물어봐야 겠어."

아마 우리나라로 여행 온 서양 관광객들도 일부는 저렇겠다 싶어 내심 이해되기도 했다. 불국사를 보나 해인사를 보나 통도사를 보나 그 절이 그 절 같고, 경복궁을 보나 덕수궁을 보나 창경궁을 보나 그 궁이 그 궁 같으리라. 하지만 이곳이 이슬람 국가라는 사실을 알면서 온 건지 모르고 나섰는지 다른 종교 운운은 아무리 생각해도 동의할 수 없는 몰상식 자체였다. 순간 천도교 가리산수도원을 찾는 비신자들에게 다른 종교를 존중해야 그것이 옳은 일이라고 강조하시던 조동원 종법사님의 말씀이 생각났다.

"우리가 한자리에 앉으면 마음이 똑같습니다. 오심여심을 찾아야 서로 외롭지 않고 서로 힘들지 않게 살 수 있는 것입니다. 어디에서 만나든 '나와 같은 천도교가 아니야, 나와 같은 불교가 아니야, 저 사람 다른 종교야, 기독교래, 불교래' 이러는 거 절대로 못 쓰는 겁니다. 어떤 종교라 하든지 반가워서 손잡고 끌어안으며 형제처럼 만나야 하는 것입니다."

이제 그분도 어느덧 90을 넘겨 망백望百의 새해를 맞으셨는데 문안 인사도 못 드리고 길 떠나온 죄송함이 갑작스레 밀려왔다.

이슬람 문명사로의 재편, 그리고 그 뒤

'중앙아시아'라는 지역은 사실 국제적 기준이 모호하다. 일반적으로는 우즈베키스탄과 카자흐스탄, 키르기스스탄, 타지키스탄, 투르크메니스탄 등 5개국을 일컫는다. 하지만 러시아는 이들 5개국 중 카자흐스탄을 제외한 나머지 국가를 중앙아시아라 구분 짓고 있다. 유네스코의 해석은 또 다르다. 중국 일부와 카스피해까지, 그리고 남북으로는 아프가니스탄부터 러시아까지를 포함해 중앙아시아라고 정의했다. 그래서 그런 걸까? 우리나라 외교부 홈페이지에는 중앙아시아라는 지역별 구분이 아예 없다. 앞의 중앙아시아 5개국 모두를 유럽 지역으로 분류해놓고 있다. 하지만 한국인들은 통상 1991년 소비에트연방의 해체와 함께 독립한 우즈베키스탄 등 톈산산맥 너머 내륙 지역의 5개국을 중앙아시아로 통칭하고 있는데, 이들 모두가 이슬람 국가들이다.

   이들 나라 대부분은 19세기 후반 러시아 제국으로 편입되기 전까지는 비슷한 역사성을 갖는 운명 공동체였다. 이 지역의 대략적인 역사는 2,700년 전, 즉 BC 6세기 무렵 페르시아 제국의 일부가 됨으로써 시작된다. 그리고 그 뒤 BC 4세기에는 알렉산드리아 제국의 일부가 됐고, AD 6세기 때는 돌궐

제국의 일부로 재편됐고, 7세기 초 이슬람교가 창시되면서 결정적인 거대 변화 조짐이 나타난 것이다.

이슬람 세력은 8세기 들어 동방 원정에 나섰다. 이로써 712년 부하라가 무너지고, 거의 동시에 사마르칸트까지 무너졌다. 그리고 마침내 751년 탈라스 전투에서 당나라가 패함으로써 이 지역의 대부분이 이슬람 문명권으로 재편됐다. 탈라스 전투는 고구려 유민 출신의 고선지 장군이 당나라 군사를 이끌고 싸웠던 전투라 우리에게도 익숙한 세계 전사戰史 중 하나다.

"우즈베키스탄 여행에서 우리는 히바와 부하라를 통해 수많은 이슬람 유적지들을 보게 될 것입니다. 이어 사마르칸트에서는 아미르 티무르 제국사를 살펴보시게 될 겁니다. 그리고 마지막 여정인 타슈켄트 관광을 통해서는 근현대 우즈베키스탄의 역사를 알게 되실 겁니다. 즉 19세기 말 러시아 제국사에 흡수됐다가 20세기 초 소비에트연방으로 재편된 시기를 지나 1991년 신생 독립국으로 다시 태어난 우즈베키스탄의 모습들을 타슈켄트에서 직접 보시게 될 겁니다."

어제 오후 우즈베키스탄에 도착하자마자 가이드는 우르겐치 공항에서 향후 일정을 자세히 소개했다. 귀에 쏙쏙 들어오는 안내였다. 그의 설명 속에 중앙아시아의 역사, 혹은 우즈베키스탄의 역사가 굵직하게 담겨있었기 때문이다. 하긴 사전 공부가 없었다면 그의 서사적 설명이 재미있을 리 없다. 여행은 역시 아는 만큼 보이게 마련이다. 즉 지즉위진간知則爲眞看 아니던가.

가이드가 설명했던 아미르 티무르 제국사는 1370년부터 1507년까지 140년가량 이어진 이 지역만의 독립적인 역사다. 우즈베키스탄을 중심으로 중앙아시아만의 독자적인 역사를 펼쳤던 이 제국은 멀리 중동까지 영토를 넓혀 이 지역의 가장 대표적인 자부심이 됐다. 그 이전 13세기 초 중앙아시아는 몽골 제국의 일부였다. 그렇기에 14세기부터 15세기에 걸쳐 이룬 그들만의 제국 건설은 오랜 외침外侵으로부터의 자존심을 회복하는 중요한 전기였다.

하지만 명나라까지 치려던 티무르가 갑작스레 세상을 뜨면서 중앙아시아는 다시 암흑기로 역류했다. 결국 그 같은 표류 속에서 19세기 말 러시아 제국으로 흡수됐고, 1991년 독립을 맞기까지 중앙아시아 5개국은 오랫동안 소비에트연방의 일원으로 변방 지역에 머물렀다.

> 하원갑下元甲 경신년庚申年에 전해오는 세상 말이
> 요망한 서양 적이 중국을 침범해서
> 천주당 높이 세워 거소위하는 도道를
> 천하에 편만하니 가소절창可笑絶唱 아닐런가.

최제우 대신사가 남긴 《용담유사龍潭遺詞》〈권학가勸學歌〉편의 일부다. 첫머리에 등장하는 '하원갑'의 국어사전적 의미는 '한 시대가 차차 쇠약해지는 단계'다. 즉 '운이 다해 망해가는 시기'다. 그리고 경신년은 1860년이다. 동학을 창도한 대신사께서 '요망한 서양 적'을 경계할 무렵, 즉 1860년대에 이르러 중앙아시아 전역에도 소비에트연방이 해체될 때까지 130여 년가량 이어지는 '하원갑자下元甲子'의 흑역사를 맞게 됐다.

고대부터 교감 있었으리라 추측

　무척 추웠지만 우즈베키스탄에서의 첫 일정은 무난했다. 이슬람 유적지들의 역사성도 좋았지만 무엇보다도 알고리즘Algorithm이란 학문적 용어가 알 콰리즈미Al-Khwarizmi란 대수학자의 이름에서 나왔다는 사실을 처음 알게 됐다. 그리고 그 수학자의 고향이 바로 이곳 히바였다는 사실이 흥미로웠다.

　"동서고금을 막론하고 수학자들을 한 줄로 세우면 가장 앞에 세울 분이 무함마드 알 콰리즈미라고 합니다. 디지털 문명 속에서 알고리즘이란 학문적 용어가 더욱 대중화되고 있는데, 바로 그 용어가 알 콰리즈미의 이름을 딴 것입니다. 이

분의 고향이 바로 이곳 히바입니다. 780년부터 850년까지 살았다는 기록이 있는데, 그 연도가 정확한 것은 아니라고 하니 참고해주시기 바랍니다."

가이드의 안내가 끝나자마자 관광객들은 동상을 배경으로 사진 찍기에 분주했다. 아마 오늘 돌아본 관광지 중 가장 인기를 끈 곳이 이 동상이었을 것 같다. 여행은 아는 만큼 보이기도 하지만 이렇듯 '하는 만큼 알게 되는 것'이기도 했다.

이 밖에도 이날 관광에서는 여타 히바 건축물들의 토대가 된 '타시 하울리 궁전Tash Hauli Palace'과 높은 성벽이 인상적이었던 '쿠냐 아르크Kunya Ark', 그리고 무슬림 성지로 유명한 '파흘라반 무함마드 영묘Mausoleum of Pahlavan Muhammad' 등 강추위 속에서도 많은 곳을 고루 둘러봤다.

하지만 이들 유명 관광지들보다 나의 관심은 조금 다른 곳에 있어 나만의 관광이 즐거웠다. 그것은 이찬칼라를 둘러싼 토성에 대한 관심이었는데, 경기도 성남 살던 시절 거의 매일 저녁 찾아와 내게 인문학 강좌를 해주던 후배 덕분이다.

그 시절은 사업에 실패해 성남 달동네까지 밀려났던 시기였다. 그런데 그곳에서 만난 후배의 영향으로 많은 지식을 얻게 된 좋은 시간이기도 했다. 그 후배는 성남에 있던 LH토지주택박물관대학의 단골 수강생이었다. 이 박물관대학은 당시 한국토지주택공사가 지역 주민의 평생교육을 지원하고자 국내 최고 전문가들을 초청해 다양한 분야의 역사와 문화를 소개했다. 지금은 이 박물관대학이 LH한국토지주택공사의 이전에 따라 경남 진주로 이사했다.

그 후배와 함께 주말을 이용해 틈만 나면 가까운 남한산성을 시작으로 전국을 돌며 유적지 답사에 나섰다. 그때마다 나의 관심은 어릴 적 오가며 봤던 남해 고향 마을의 임진성壬辰城 추억 탓인지 유독 성곽으로 집중됐다.

"이찬칼라 유적지를 소개하면서 이곳을 둘러싼 토성에 대해 이야기해주면 좋겠어요."

숙소로 떠나려던 참에 가이드를 불러 귀띔했다.

"왜냐하면 내가 한국에서 신라시대 성곽들을 많이 둘러보았는데 닮은 점이 아주 많아 조금 더 공부하면 좋은 소재가 될 것 같아 그래요. 아마 이 지역엔 돌이 귀해 토성을 조성한 것 같은데 흙벽돌과 돌의 차이만 있었지 유사한 요소가 너무 많아 처음 보는 순간 놀랐어요. 특히 성곽의 전체적인 모양새가 너무 많이 닮았어요."

가이드는 일단 알겠다고 예의 바르게 화답했다. 하지만 그의 눈빛은 '그런 것까지 공부할 시간은 없다'고 단호하게 거절했다. 하긴 그럴 것이었다. 판에 박힌 일과가 편할 것이었고, 그런 안내까지 맡다 보면 관광객들로부터 '우리가 공부하러 왔느냐'는 핀잔을 듣게 될지도 모를 일이었다.

하지만 내 생각은 달랐다. 낯선 곳에서 만나는 사람은 작은 연만 있어도 반갑다. 예컨대 경상도 땅이 좀 넓은가? 그럼에도 같은 경상도 사람이라는 출신지 하나만으로도 고향 사람 만났다며 금세 경계를 허물고 마음의 벽을 트곤 한다. 즉 낯선 타국에서 만나는 한국과의 연은 작은 스토리 하나에도 솔깃하게 마련이다. 그래서 조언 하나 보태려 했는데 그의 표정이 영 아니다 싶어 조금은 무색했다.

"신라 성곽을 말할 때 일반적으로는 고구려로부터 영향을 받았다고 해요. 하지만 나는 그보다 더 멀리 이곳 어디쯤에선가 어느 기술자가 와서 영향을 미친 게 아닌가 생각까지 했을 만큼 아주 비슷한 모습이 참으로 많아 놀랐지요."

그가 듣든 말든 나의 주장은 계속됐다. 하지만 그는 버스가 떠날 시각이니 어서 빨리 가자고 내 발걸음을 재촉했다.

이제 호텔로 들어가면 히바 여정은 오늘로 끝난다. 많이 아쉬웠다. 언젠가 조금 더 많은 시간을 내서 다시 찾아와 꼼꼼히 보고 싶다. 히바는 우즈베키스탄의 첫인상이었다. 그래서 더 오랫동안 기억에 남을 곳 같다.

심화기화心和氣和, 사람들에 반하다

언제부터인가 여행 때마다 '사람이 좋으면 다 좋다'는 생각을 갖게 됐다. 중국 계림桂林은 경치 좋기로 둘째가라면 서러워할 곳이다. 하지만 계림과 전혀 닮지 않은 그 지역 사람들의 불친절 때문에 여행의 좋은 추억이 전혀 없다. 나이아가라 폭포를 여행했을 때의 느낌도 비슷했고, 교토 여행 역시 그리 좋은 추억이 없다. 모두가 여행지 사람들의 팍팍한 인정 때문에 좋지 않은 기억만 남게 됐다.

하지만 이번 여행은 유쾌한 기분으로 돌아갈 것 같아 벌써부터 행복하다. 사람들이 좋다. 표정 역시 맑다. 진정성 깊은 배려가 느껴진다. 게다가 한국에 대한 호감으로 나이 드신 분들은 마주칠 때마다 '카레이?' 하며 엄지손가락을 치켜든다. 또 떠듬떠듬 한국말을 익힌 청년들은 〈대장금〉 봤어요'로 말 걸기를 시도한 뒤 열이면 열 모두 사진 한 장 같이 찍자는 적극성을 보여주었다.

"할아버지, 저 한국 좋아해요."

"저도요."

"저도요."

오늘 낮 주마 모스크 앞에서 만난 중학생 또래 아이들의 표정이 오후 내내 잔상으로 남았다. 우리말도 제법 배운 아이들이었다.

"어떤 게 좋은데?"

내가 짓궂게 물어봤다.

히바 고성의 이찬칼라 이슬람 유적지 앞에서 석양빛을 받으며 공차기를 즐기는 어린이들의 모습이다. 우즈베키스탄을 여행하는 내내 사람들의 표정이 밝고 온화해 그것 하나만으로도 즐거운 여행이 됐다.

"그냥이요."

한 아이가 짧게 성의 없이 대답했다.

"사진도 같이 잘 찍어주고, 내가 한국말 잘못하는 데도 잘한다고 칭찬해줘서 좋아요."

옆의 다른 한 아이는 좀 더 구체적으로 대답했다.

"코이카 선생님들이 무척 잘해주세요. 한국과 우즈베키스

제1장 히바Khiva 토성에서 신라 성곽을 읽다 49

탄은 '형제 국가'라고 한국어 가르쳐주는 코이카 선생님이 그랬어요."

그 옆의 또 다른 아이는 아주 구체적으로 대답했다. 시종 맑은 표정들이라 유쾌했다. 우리네 어릴 적 모습 그대로다. 어떤 선생이 가르쳐줬는지 존칭어 사용도 분명했다. 이 먼 곳까지 와서 양국의 따뜻한 교류를 위해 수고하는 코이카KOICA 관계자들이 고마웠다.

저녁 무렵엔 토성을 배경으로 연을 날리는 아이들의 모습도 봤다. 그 모습 역시 우리네 어릴 적 모습 그대로다. 사실 연날리기가 우리만의 풍습은 아니다. 세계 수많은 민족도 그들 고유의 연날리기 방식이 있다. 말레이시아와 태국 여행 때도, 그리고 중국과 일본 여행 때도 그곳 사람들의 연날리기 놀이를 종종 봤다.

하지만 그들의 모습에서는 남해 바닷가 어릴 적 연의 추억을 반추할 수는 없었다. 아이들의 해맑음 때문이었을까? 오늘 이곳에서 본 얼레의 합주는 어릴 적 임진성壬辰城 성곽 위로 가파르게 날던 방패연의 군무 그대로라 볼만했다.

순간 '심화기화 여천동화心和氣和 與天同和'라 했던 해월 최시형 신사의 말씀이 생각났다. '마음이 화하고 기운이 화하면 하늘(한울)과 더불어 화하리라'는 말씀이다. 여기서 화和의 의미는 뭘까? 실로 다양한데 그 뜻 모두가 좋다. 서로 다투던 일을 풀 때(和解)도, 평온하고 화목함을 이룰 때(平和)도, 날씨가 맑고 따뜻하다는 표현(溫和)에서도, 그리고 화목하게 어울리라는 가르침(和合)에서도 '화和'는 어김없이 등장한다.

오늘 만난 이곳 사람들의 맑은 표정에서 '심화기화心和氣和'가 떠올랐다. 안과 겉이 다르지 않은 사람들. 그들의 눈빛과 2,700년 고도古都의 풍광이 사뭇 조화롭게 느껴졌다. 그랬기에 그들로부터 '여천동화與天同和'의 기운마저 느낀 우즈베키스탄 첫날 여정의 유쾌함은 '인간의 무늬人文' 그 자체였다.

우즈베키스탄 쌀농사 신기원 연 고려인들

저녁 자리가 근사했다. 어제 함께 입국했다 우르겐치 공항에서 헤어진 사람들을 다시 만나 반가웠다. 한 사람은 우즈베키스탄 대통령 책을 쓴 조철현 작가다. 그리고 다른 두 사람은 천도교에서 만난 오랜 동덕同德 부부로, 남편 일암(편집자 주 : 一菴. 천도교 도호) 이경일 동덕同德은 〈신인간〉 편집장을 지낸 아티스트고, 내수도內修道 이영옥 씨는 현재 동학민족통일회에서 내 일을 돕고 있다.

그러고 보니 조 작가를 처음 만난 지도 벌써 두 계절째다. 지난해 여름 동학민족통일회가 주최했던 '2017 다문화가정 인성 캠프'에서 일암의 소개로 특강 강사와 상임의장 자격으로 만난 게 첫 인연이다.

"조작입니다."

명함을 주고받다 '조작'이라니요? 놀라 물었더니 성이 '조가曺家'요 직업이 작가作家이니 '노변(노무현 변호사)'처럼 '조작曺作'으로 불러달래서 웃은 적이 있다.

셋은 어제 아랄해 인근의 누쿠스로 떠났었다. '조작'의 취재와 그의 취재 사진을 찍어주기 위해 떠났던 세 사람이 돌아오자 히바의 저녁 시간이 인사동 한식집에 앉은 듯 모처럼 포근했다.

"제가 재미난 노래 하나 가르쳐드릴까요?"

보드카 몇 순배가 돌아가자 '조작'은 '밀양아리랑' 곡조에 맞춰 개사한 아리랑 한 자락을 흥겹게 불러댔다.

"아무다리야~ 시르다리야~ 아랄해를 낳네~"

그는 노래를 마친 뒤 인터넷 포털에서는 '밀양아리랑'의 시원이 바로 이곳 중앙아시아라는 설이 떠돌고 있다며 재미있어했다. 그러면서 아무다리야강은 파미르 고원에서 발원해 우즈베키스탄의 남쪽 지방을 거쳐 아랄해로 흘러드는 2,540km 길이의 긴 강이라고 설명했다.

또 시르다리야강은 키르기스스탄의 톈산산맥에서 시작해 우즈베키스탄의 북쪽 지방을 거쳐 아랄해로 흘러드는 2,212km의 긴 강이라는 소개도 곁들였다. 듣고 보니 '아랄해'를 낳은 두 강이 바로 아무다리야와 시르다리야였다. 그리고 '아리아리랑'과 '아무다리야', '스리스리랑'과 '시르다리야'의 유사성이 짙었고, '아라리가 났네'와 '아랄해를 낳네' 역시 비슷한 어감이라 그의 이야기가 흥미롭게 들려왔다.

"오늘 우리가 다녀온 누쿠스는 아랄해를 끼고 있는 카라칼파크스탄 자치공화국의 주도인데, 이곳 히바에서 서쪽으로 170km가량 더 가야 합니다. 자동차로 세 시간쯤 걸리지요. 그리고 아랄해의 마지막 항구로 불렸던 무이낙Muynak은 누쿠스에서 북쪽으로 200km쯤 올라간 곳에 있는데, 그곳에도 고려인 가족 두 가구가 남아있다고 하니 언젠가 한 번 여행 삼아 들러보면 좋으실 것 같습니다."

'조작'은 아랄해야말로 한때 중앙아시아 고려인들의 귀중한 텃밭이었다고 강조했다. 1937년 중앙아시아로 내몰린 고려인 중 상당수가 그곳에서 벼농사를 짓기 시작했고, 그럼으로써 우즈베키스탄 쌀농사의 신기원을 열게 됐다는 얘기였다. 하지만 구소련이 저지른 치수 정책의 실패로 지난 60년 사이 아랄해가 1/10로 줄어들어 지금은 고작 6,000km²쯤만 남게 됐고, 그곳에서 쌀농사를 짓던 고려인들도 하나둘 떠나가 지금은 그들의 흔적조차 찾을 수 없게 됐다고 아쉬워했다.

"1960년대까지만 해도 아랄해는 대한민국 면적의 70%쯤에 해당하는 6만 8,000km²였다고 합니다. 그런데 지금은 총

아랄해 물이 마르면서 망망대해를 누볐던 선박들이 사막 한가운데 누워버렸다. 언제부턴가 사람들은 이곳을 '배들의 무덤'이라 부르며, 지구촌 환경 재앙의 가장 대표적인 곳 중 한 곳으로 인식하게 됐다.

청북도 면적이 7,400km²쯤 되니까 그보다도 작아진 겁니다. 물이 마른 자리는 대부분 사막화됐습니다. 그러니 고려인들도 그곳에서 더 농사를 지을 수 없게 됐죠."

자리에서 일어날 즈음 '조작'은 가방에서 프린트한 논문 한 편을 꺼내줬다. 표지를 보니 이채문 경북대 교수가 쓴 〈아랄해의 환경 문제와 고려인 이주·정착 및 지역성 변화 : 우즈베키스탄 카라칼파크스탄 공화국의 사례를 중심으로〉란 논문이다. 앞머리를 잠깐 살피니 이채문 교수가 2012년 누쿠스 지역을 직접 방문해 조사 연구한 논문 자료였다.

"그러고 보면 참 대단한 분들이 많아요. 2012년이면 6년 전인데 고려인에 대한 연구를 이렇게 치밀하게 했던 분이 있었네요. 오늘밤도 시차 때문에 새벽잠을 설칠 것 같은데 잘 됐습니다. 지난번에는 친필 사인까지 한 우즈베키스탄 대통령 책을 보내줘서 많은 공부를 하게 됐는데 이번에도 또 이런 귀한 자료를 줘서 정말 고맙습니다."

'조작'에게 감사한 마음을 전하며 자리에서 일어났다. 이로써 히바에서의 하루는 모두 마무리됐다. 이제 내일은 아침 일찍 부하라Bukhara로 떠날 예정이다. 그곳은 이곳에서 버스로 약 여섯 시간쯤 가야 한다. 400km가량의 가는 길 대부분이 사막이라 하니 또 어떤 풍경이 펼쳐질지 자못 기대됐다.

호라즘 문명권을 떠나며

"안녕히 주무셨습니까? 이제부터 먼 길을 떠납니다. 우리 할아버지는 고려인입니다. 그래서 저도 100리 길, 1,000리 길 이라는 말을 알게 됐습니다. 제가 초등학교 다닐 때 일인데요, 할아버지는 저한테 항상 10리 길이나 걸어 다니면서 지각 한 번 안 하는 네가 기특하다고 하셨어요. 그래서 그 말씀이 무슨 뜻인가 아버지께 여쭤봤더니 그 말은 과거에 할아버지, 할머니 고향에서 쓰던 거리 단위라고 하시면서 10리는 4km 라고 가르쳐주셨어요. 그래서 제가 관광 가이드를 하면서 히바에서 부하라까지는 1,000리 길입니다, 이렇게 안내하면 많은 분이 웃어주면서 좋아하셨습니다."

　버스가 출발하자마자 가이드는 능숙한 입담으로 친근감부터 표시했다. 외국 여행을 하면서 10리 길, 100리 길을 아는 가이드를 만난 것은 이번이 처음인 것 같다. 길림에서 백두산까지 가는 중국 여행에서도 그런 식의 안내는 없었던 기억이다. 역시 고려인이었다. 조선인으로 헤어져 한국인으로 다시 만난 고려인들에게는 그처럼 우리네 고유 정서가 진하게 남아 있어 반가움이 더욱 컸다.

　"이곳에 언제 다시 오실지 기약하기 어려우시죠? 많이 아쉬우시지요? 그래서 드리는 말씀입니다만 이곳 히바 지역은 그리스 문명, 잉카 문명 등과 함께 세계 7대 문명 중 하나였다는 호라즘 문명의 발상지입니다. 지금은 우즈베키스탄 열두 개 주 가운데 하나인 호라즘 주로 줄어들었지만 고대 한시절에는 카라칼파크스탄 지역과 투르크메니스탄의 일부 지역까지 포함해 꽤 넓은 영토를 갖고 있었다고 합니다."

　가이드는 여행자들의 마음을 제대로 헤아렸다. 한 번 떠나온 여행지는 웬만해선 다시 찾기 힘들다. 돌아볼 곳이 너무 많아서다. 나 역시 그랬다. 백두산과 금강산 정도나 겹쳤을까? 한 번 간 곳을 다시 찾았던 기억이 전혀 없다. 그렇기에 지금 떠나면 다시 듣기 어려운 현장 강의라 소중했다.

가이드의 말에 따르면 '호라즘'은 어젯밤 조 작가가 설명했던 아무다리야강 하류의 오아시스 지역이다. 따라서 일찍부터 농경문화가 발달했다. 기원전 2000년경부터 관개 농업을 시작했고, 기원전 8~9세기에는 흙벽돌로 집을 지어 정착 생활까지 했다고 하니 이 지역의 유구한 역사가 놀라웠다.

"고고학자들이 정밀 조사했더니 이 지역에 200만 년 전 구석기 때부터 사람이 살았던 흔적이 발견됐다고 합니다. 그리고 수백 평방킬로미터에 걸쳐 1,000개 이상의 고대 도시가 나타났다가 사라졌다고 하니 저로서는 상상이 잘 안 됩니다. 그런 변화가 계속되다가 기원전 1세기에 분열돼있던 작은 부족 국가들이 뭉쳐 하나의 왕국으로 통합하기 시작했고, 기원후 3세기쯤 토프락 칼라Toprak Kala를 수도로 호라즘 제국이 세워졌다고 해서 한국의 인터넷 포털에 들어가 찾아봤더니 거기에도 자세한 정보가 실려 반가웠습니다."

우리를 태운 버스는 어느덧 시가지를 벗어나고 있었다. 가이드는 이제 부하라에 도착할 때까지는 바다 한가운데의 배처럼 마을 보기가 어려울 테니 아직은 인적이 남은 창밖 풍경을 실컷 봐두시라는 안내까지 했다.

그가 시키는 대로 창밖을 바라봤다. 그러다 문득 1,600년 전쯤 낙타를 타고 이곳으로 들던 카라반 한 무리가 상상됐다. 톈산산맥을 넘어 타슈켄트와 사마르칸트를 거치고 부하라를 지나 작렬하는 태양을 받으며 타닥타닥 이곳까지 다시 1,000리 길을 걸었을 그들에게 이 도시는 어떤 희망을 전했을까? 아무것도 먹지 않고 400kg가량의 등짐을 진 채 하루 동안 1,000리 길을 걸을 수 있다는 낙타 무리의 아린 눈빛 속엔 또 어느 별의 전설이 스몄을까?

잠시 눈을 감은 채 상상 속의 선인先人들에게 무념무상의 심고心告 한 줄을 읊조렸다.

가시는 길 축복 있으라.

오신 길 밟아가는 후대 문명인들에게도 시공을 초월한 그대들의 축복 충만하길!

끝없이 펼쳐진 키질쿰 사막과 삭사울

가이드의 안내대로였다. 가도 가도 끝없는 사막길이 펼쳐졌다. 키질쿰 사막이다. '붉은 모래'라는 뜻의 이 사막은 길이만도 1,400km, 면적은 대한민국 크기의 세 배에 달하는 30만km² 규모란다. 가이드는 조금 전 이 지역의 연평균 강수량이 100mm밖에 안 된다고 소개했다. 하지만 아무다리야강과 시르다리야강을 끼고 있어 목화 재배가 가능하고 채소 농사를 짓는 곳도 있다고 설명했다. 그리고 사막여우와 늑대, 독수리 등이 서식하고 말과 낙타를 방목하는 곳도 있다는 설명에 먼 거리지만 그리 지겹지만은 않겠다고 안심했다.

얼마쯤 달렸을까. 좌석마다 간식 세트와 생수병을 나눠주고 돌아가려는 가이드를 손짓으로 불렀다. 아까부터 궁금한 게 있어 묻고 싶었기 때문이다.

"가끔 모래언덕 위로 나무 같은 게 보이던데 저건 대체 어떤 식물이기에 사막에서도 잘 자라는감?"

그는 그 식물들이 '삭사울'이라고 속삭였다. 앞뒤로 잠을 청한 사람들이 있어 그의 목소리가 낮아졌다. 그의 설명에 따르면 삭사울은 사막에서만 나는 식물로 잎이 뾰족해 침엽수처럼 보이지만 사실은 활엽수라고 했다. 그러면서 저 식물이 나타나기 시작하면 그 지역의 사막화가 어느 정도 진행된 거로 보기 때문에 사람들이 불길하게 여기는 식물이라고도 했다.

이야기를 듣고 보니 삭사울에 대해 신문에서 어떤 기사를 봤던 기억이 떠올랐다. 아마 산림청이 발표한 내용이었던 것 같다. 몽골의 그린벨트 조림 사업을 지원하며 몽골의 고비 사막 지역에서 식물 시험 재배를 시작했다는 보도였던 것 같은데 그게 삭사울이었구나, 새삼 이 식물이 흥미롭게 느껴졌다.

"어떤 삭사울은 3m까지 자라기도 해요. 그래서 이 지역 사람들은 그것을 가져다가 땔감으로 사용하고 가축 사료로도 이용한다고 해요. 불길한 식물이지만 기왕 그렇게 됐을 때는 사람들이 상황에 맞게 사용함으로써 도움 되니 고마운 식물이기도 하지요, 뭐."

가이드의 설명을 듣자니 해월 최시형 신사의 말씀이 떠올랐다. 선생께서는 '물물천物物天 사사천事事天'이라 했다. 즉 물

건마다 한울(하늘)이요, 하는 일마다 한울(하늘)이라는 의미이다. 사람만이 아니라 우주 만유와 모든 지구 자연도 한울님을 모셨다(侍天主)는 말씀이다. 그러니 그것이 '불길한 식물'일 수 없다.

해월신사께서는 또 '인오동포人吾同胞 물오동포物吾同胞'라고도 했다. 즉 다른 사람과 내가 똑같은 동포이며, 우주 만물과 나 역시 똑같은 동포라는 의미이다. '동포同胞'란 무엇인가. '같을 동同' 자와 '세포 포胞' 자를 썼으니 한 부모에게서 태어난 형제자매를 일컫는 말 아니던가. 따라서 사람이나 만물이나 모두 하늘과 같은 동포로서 이들 모두를 하늘처럼 귀하게 여겨야 한다는 가르침이었다.

인간이 인간을 존중하며 서로 도와 인간 사회의 발전을 도모해야 한다는 메시지는 물론 인간과 자연이 연대해서 상생 발전해야 한다는 메시지까지 전하면서 인간과 자연을 한 형제로 본 해월신사의 우주적 대가족주의가 사뭇 경탄스러웠다. 그리고 오늘날과 같은 전 지구적 자연환경의 위기를 일찍이 깨닫고 말씀을 통해 만물 존중의 경물敬物 사상을 일깨

우며 생태환경 문제의 중요성을 선구적으로 가르친 대목이라 창밖으로 펼쳐진 사막과 삭사울의 조화가 더욱 신비롭게 느껴졌다.

자연 재앙이 파괴한 공동체

어느 순간 관광버스 안엔 적막감만 감돌았다. 대부분 깊은 잠을 청한 모양이다. 운전기사와 가이드의 대화 소리만 자동차 소음에 섞여 간간이 들릴 뿐 조금의 미동조차 없다. 가이드는 아마 기사의 졸음운전을 막기 위해 이동 중 임무를 수행하는 것이리라. 저 친구도 피곤할 텐데 안 됐다고 생각했다.

'저 사람의 아버지는 어떤 사람일까? 그리고 할아버지는 또 어떤 사람이었을까? 그리고 이 친구가 고려인 4세라 했으니 1세대인 그의 증조부모님은 어떤 사연이 있어 조선 땅을 떠났을까?'

가이드의 나이를 서른대여섯 살로 가정하니 그는 1991년 독립 전후 세대였다. 그리고 그의 아버지는 대략 예순 안팎일 터였다. 그렇다면 그는 한때 당당하게 미국과 맞섰던 소비에트연방 시민일 터였다. 거기에 다시 스물대여섯 살을 올리니 그의 할아버지 연령대가 계산됐다. 우리 식으로 서술하자면 광복 전후 세대고, 러시아 기준으로 따지자면 종전 전후 세대로 파악됐다. 그리고 이제 마지막으로 그의 증조부모 세대까지 상상하다 오늘 새벽에 읽은 이채문 교수의 논문 내용이 떠올랐다. 그의 증조부모 세대쯤이 겪었을 논문 속의 구술 채록들이 내게 짠한 동질감을 줬기 때문이다. 그들이 바로 내가 찾고자 하는 동학의 원형이었기에 이 교수의 논문을 읽으면서 자주 눈가를 훔쳐댔다.

"고려인들이 쌀농사 전문가였습니다. 고려인들이 목화는 안 심었습니다. 여기 와서 쌀농사 짓고 우즈베크 사람들에게 쌀농사를 가르쳤습니다. 우즈베크인들은 쌀이 뭔지, 쌀농사를 어떻게 짓는지도 몰랐는데 고려인들이 와서 가르쳐줬습니다. 쌀농사 짓는 콜호즈가 한 20~30개 정도 있었는데 모두 고려

1937년 어느 날 갑자기 스탈린에 의해 중앙아시아로 내몰린 고려인들은 열악한 주거시설과 황무지를 개척해야 하는 숱한 고통 속에서도 웃음을 잃지 않고 새로운 희망을 키워갔다. ⓒ고려인연구가 김병학.

인들이 만든 콜호즈였습니다. 강 알렉셰이라는 콜호즈 장長이 구소련 노력 영웅이 됐습니다. 또한 쌀농사 짓는 모든 땅을 고려인들이 개발했습니다. 1937년도에 광야에 버려지고 급기야 쌀농사를 지으면서 고려인들이 살아남았습니다. 그래서 우즈베크인들이 고려인을 존경합니다. 풀을 먹고 돌집을 지어서 거기 살았습니다."(로자)

이 교수의 논문에 따르면 1937년 스탈린의 강제 이주에 의해 우즈베크에 정착한 고려인의 숫자는 7만 5,000명가량이었다. 내 고향 남해군의 인구수가 대략 4만 5,000명이니 그보다 한 배 반가량이나 많은 사람이 어느 날 갑자기 광야에 버려진 것이었다. 가구 수로는 1만 6,000여 가구였다. 그렇다면 그 숫자만큼의 가장家長이 있었을 테고, 그들 대부분이 조선 말 폭정과 기근을 피해 연해주로 떠났던 동학의 후예들이었다.

이 교수는 논문에서 우즈베크에 정착한 고려인 중 상당수가 아랄해 인근의 카라칼파크스탄에 정착했다고 적고 있다. 그러면서 그 숫자가 무려 1만여 명(10,620명)이었다는 통계치를 제시했다. 이는 우즈베크 정착 고려인들 가운데 수도 타슈켄트 인근의 중中치르치크라는 지역(1만 1,932명) 다음으로 많은 숫자였다.

이 지역으로의 쏠림 현상은 어젯밤 조 작가도 설명했듯 당연 물 때문이었다. 논농사가 가능한 지역을 찾아보니 아무다리야 강가를 알게 됐고, 그럼으로써 무리를 지어 모여들기 시작한 곳이 바로 아랄해 인근이었다.

하지만 쌀농사를 지으며 번성했던 고려인 공동체가 아랄해의 고갈과 사막화로 서서히 붕괴하기 시작했다고 이 교수는 지적했다.

그러면서 그는 '이 지역의 가장 큰 변화는 아무다리야강의 수량 저하와 아랄해의 고갈 및 사막화로 나타나는 고려인 콜호즈의 와해일 뿐 아니라 콜호즈 고려인들의 역이주'라고 설명했다.

"옛날에는 여기 사는 고려인이 몇천 명이었소. 1970년도까지 그랬어요. 1980년까지 젊은이들이 나갔다가 1990년 이후에는 다 나가버렸어요. 우리도 러시아에 이사 갈 계획이에요. 여기는 가스도 불도 안 들어오고 친척들도 다 거기 있어요. 로스토프, 모스크바, 칼리닌…. 다 흩어졌어요. 볼고그라드에 고려인이 많은데 여기 있는 고려인들은 싹 다 그쪽으로 갔어요. 여기 올 때는 우리 어머니가 아홉 살이고 아버지는 열두 살이었어요."(라지온)

논문에 실린 또 다른 구술 채록을 읽으며 나는 자연 재앙이 파괴한 이들의 동귀일체同歸一體를 한탄했다. 만일 아랄해가 그대로였다면, 그래서 고려인들이 여전히 그곳에서 공동체를 이루며 농사를 짓고 살았다면 그곳이야말로 동학의 새로운 성지요, 오만 년 후천개벽의 새로운 발상지로 거듭났을 것이라는 아쉬움이 너무 컸다.

남북이 하나 되어 감싸야 할 고려인들

여기가 어디쯤일까? 세 시간은 왔으니 절반은 온 셈이다. 한국처럼 이정표가 많지 않다 보니 몇 킬로미터를 더 가야 하는지 알 수 없다. 하긴 안들 무슨 소용인가? 그 옛날 실크로드를 오갔을 카라반들처럼 타박타박 가다 보면 목적지도 나오고 쉴 곳 또한 나올 것을.

버스가 잠시 멈춰 바깥바람을 쐬었다. 여전히 쌀쌀한 날씨. 사막 한가운데에서 맞는 칼바람은 더욱 매서웠다. 하늘은 맑았지만 공기는 차가웠다. 버스 안에서 바라보던 창밖 풍경이 아니었다. 방금 산 간이휴게소의 커피조차 버스에 오를 때쯤엔 따끈한 맛이 사라졌다.

"바람 쐬고 왔더니 정신이 바짝 들어 잠이 다 사라져버렸습니다. 하하!"

버스가 출발할 즈음 일암이 내 자리로 옮겨왔다. 〈신인간〉 편집장 때부터 자주 만나온 사이라 이번 여행길도 함께했다. 그는 신실한 계대교인繼代敎人이다. 더욱이 그의 큰할아버지(中菴 李世正)는 1950년 영우회靈友會 의거로 순도까지 한 동학 천도교의 어른이다.

"그렇지 않아도 뭔가 찾아볼 게 있어 내가 여행 떠나오기 전에 《시원포 90년사》를 뒤적이다 중암 도정님에 대한 글을 다시 읽었는데, 그 책에 유독 그 어르신 사진만 빠져있어 아주 속상했어요. 사진 한 장 구하기가 그렇게도 어려웠나 보지요?"

나의 느닷없는 질문에 일암의 눈빛이 금세 어두워졌다. 순간, 괜한 소리를 했다고 후회했다.

"아버님께서도 살아생전 그 점 때문에 많이 안타까워하셨습니다. 잠시 피해 있다가 다시 돌아갈 생각이셨대요. 그런데 그렇게 영영 고향 땅을 밟지 못하게 될 줄은 꿈에도 몰랐다고 땅을 치셨지요. 그럴 줄 알았다면 큰아버님 사진이라도 챙겨 올 걸 그랬다고 자주 한탄하셨어요."

일암이 한숨을 내쉬었다. 하긴 그럴 만도 했다. '사진 한 장 운운'은 당시 사정을 모르는 사람만이 할 소리다. 당시 천도교 평양교구는 생사를 넘던 극한 상황에 처했었다. 그 처음은 1948년 3월의 '남북 분열 저지 투쟁'으로 시작됐다. 즉 남북한 각자의 단독 정부 수립을 걱정하던 평양교구 지도자들이 제2의 3·1운동을 재현하려다 발각되어 천도교 간부 1만 7,000여 명이 검거되고 그중 87명이 순도했다.

이어 검거를 피한 천도교인들은 다시 영우회라는 비밀 조직을 만들어 무장 투쟁을 준비했다. 그러나 이마저 발각돼 1950년 4월 165명이 피검되고, 6.25를 전후로 이들 대부분이 순도하는 비극이 되풀이됐다. 그중 한 분이 바로 천도교 평양시 종리원장을 지내시고, 시원포 주관 도정을 맡고 있던 일암의 큰할아버지였다. 그리고 그 와중에 일암의 선친은 화를 피해 극적으로 월남했다.

"우리 동학 천도교는 국난 때마다 참 중요한 역할을 해왔어요. 남북 분단을 막고자 목숨까지 내걸었던 구국 신념이 이제는 꽃을 피우리라 보는데 일암이 보기에는 남북 정상회담이 언제쯤 열릴 것 같은지 우리 내기 한 번 해볼까요?"

동민회(동학민족통일회)를 이끌고 있는 나로서는 남북 정상회담의 조기 성사가 무척 기대되는 중대사 중 하나였다.

"내기라니요? 제가 의장님의 신심을 따라갈 수 있나요? 제 생각엔 아마도 2월을 넘기지는 않을 것 같은 조짐인데, 아무튼 동민회는 남북통일과 관련된 우리 천도교의 대표적 전위단체인 만큼 앞으로 할 일이 참 많으실 것 같습니다."

일암은 3·1운동 99주년을 맞아 남북이 하나 되는 행사를 열지 않을까, 아마 그 점을 염두에 둔 것 같다. 그러려면 2월 중순까지는 남북 정상이 만나 통 큰 악수를 해야 한다는 셈법이었을 터다. 하지만 내 생각은 그보다 늦으리라 짐작됐다. 2월 9일부터 시작되는 평창동계올림픽을 계기로 국제사회의 우호적인 여론을 최고조로 띄운 뒤 3월 논의를 거쳐 4월쯤 무르익지 않을까, 그런 추측이 가능했다.

"연꽃 효과라는 말 알지요?"

일암에게 운을 뗐다.

"연꽃이 활짝 피는 데 있어 반쯤 피는 데까지 일주일이 걸린다면 나머지 반이 만개하는 데는 하룻밤도 안 걸려요. 우리 남북문제도 그렇게 되리라고 믿는데요, 만약 왕래가 잦아지면 우리 동민회에서 어떤 일부터 하면 좋을지 일암장도 여러 의견 주면 좋겠어요."

일암은 일단 알겠다고 대답했다. 그러면서 하루빨리 자유롭게 왕래하는 세월을 만나 큰할아버님께 참배하고, 어르신의 유품을 찾아 간직하고 싶다는 속내를 드러냈다. 또한 남북 천도교가 공동으로 중앙아시아에 고려인 교구를 만들고, 제3지대에서 지속적으로 만나면 좋을 것 같다는 의견도 제시했다.

"어제 누쿠스 갔다가 그 지역 고려인문화협회장을 만났어요. 독실한 기독교인이었는데 현지 고려인들을 위해 한글을 무료로 가르쳐주고 고려인합창단도 지원하는 등 아주 좋은 일을 많이 하시더라고요. 그분처럼 우리 동학 천도교도 하루빨리 국내외 고려인들을 위해 할 수 있는 일을 많이 찾아야겠다는 생각을 했는데, 의장님 말씀을 듣다 보니 그런 일들을 우리 단독으로 할 게 아니라 남북 천도교인들이 공동으로 실천하면 더욱 가치 있고 의미 있겠다는 생각을 하게 됐습니다. 특히 남북 관계가 좋게 풀려가고 있으니 고려인과 관련해서는 이제 생각의 폭을 보다 넓히는 게 바람직할 것 같습니다."

일암의 의견은 그 뒤로도 한참 더 이어졌다. 오심즉여심吾心卽汝心이라 했다. 내 생각이 곧 그의 생각이라 모처럼 말 성찬이 풍성했다. 이제 두어 시간쯤만 더 가면 부하라에 도착할 일이었다. 하지만 그보다 더 걸린다 한들 전혀 지루하지 않을 우리 둘의 대화는 고려인을 매개로 이후로도 계속됐다.

고려인, 그들을 알기 전 기억해둘 지명들

나는 어릴 때부터 지도 보는 재미가 컸다. 아마도 큰형님과 작은형님의 영향 때문인 것 같다. 나이 차가 많은 형님들은 틈만 나면 지도를 펼쳐 들고 이런저런 스토리를 만들었다.

예컨대 아버지가 일제강점기 징용을 피해 만주를 떠돌며 오랫동안 장사를 하셨다고 했는데, 어떤 길을 다니다 어떤 신작로로 남해까지 오신 걸까? 청소년 시절 형님 두 분은 지도책에 빨간 줄을 그어보며 아버지의 행적을 가늠해보곤 했다.

고등학교 시절엔 작은형님이 파병된 베트남 지도까지 통달했다. 그리고 남해에서 신의주까지 연결된 도로망과 철도망까지 속속들이 꿰었을 만큼 지도 보기를 좋아했다. 그러다 보니 지금도 지방 여행을 다니면서 내비게이션에 목매지 않아 좋다. 길이 바뀌었다고는 하지만 지형은 그대로라 방향 감각만 갖고도 대략 목적지를 찾아갈 수 있다.

"아빠, 아이들이 지리를 많이 어려워하는데 어떻게 하면 잘 가르칠 수 있을까요?"

어느 날 초등학교 선생인 딸아이가 물었다.

"지도를 볼 때 위도와 경도를 살펴서 같은 위도에 있는 세계 주요 도시와 같은 경도에 있는 세계 주요 도시를 머리에 정리해두면 좋단다. 아빠는 어릴 적에 큰아버지 두 분과 세계지도를 펼쳐놓고 퀴즈를 내면서 누가 먼저 지명을 찾아내는

지, 그런 놀이를 많이 했지."

이렇게 조언하며 딸아이에게 퀴즈 하나를 내봤다.

"안중근 의사가 이토 히로부미를 처단한 하얼빈의 위치가 경도로 봤을 때 서울보다 서쪽에 있는 거니 동쪽에 있는 거니?"

"…"

선뜻 대답하지 못하던 딸아이는 잠시 머뭇거리다 비슷한 위치에 있을 것 같다고 답변했다.

"선생님답게 잘 알고 있었구나. 하지만 이런 퀴즈를 내면 대부분 당황하며 답변하지 못한단다. 지도 보는 습관이 안 돼 있기 때문이지. 하얼빈은 서울과 비슷한 경도 127도쯤에 있단다. 즉 서울에서 북쪽으로 죽 올라가면 평양과 백두산, 연변조선족자치주, 하얼빈 등이 모두 거의 일직선에 있다고 보면 되지. 남북통일만 된다면 하얼빈까지 가는 데 비행기로 한 시간 반이면 충분할 게다. 북한 영토를 거치면 직선으로 고작 930km밖에 안 되는 곳이니 말이야."

딸아이와는 이번 여행을 떠나오기 전에도 지리 이야기를

했다. 우즈베키스탄 여행을 간다고 하니까 백두산 한참 위쪽 시베리아 어디 아래쯤으로 생각했는지 영하 50℃는 될 걸? 하며 당장 추위 걱정부터 했다. 해서 지도를 펼쳐 보이며 우즈베키스탄은 그렇게 한참 북쪽이 아니라 북서쪽에 위치해있고, 수도 타슈켄트의 경우 백두산과 비슷한 위도에 있어 춥다 해도 고작 한국 정도일 거라고 안심시켜줬다.

사실 하얼빈과 연변, 녹둔도와 간도, 그리고 우수리스크와 블라디보스토크 등의 지명과 위치 파악은 고려인의 150년 디아스포라를 이해하는 데 있어서도 매우 중요한 선행 작업이다. 여기에 흔히 '만주'라고 지칭하는 중국의 길림성 및 흑룡강성 지역과 러시아 땅인 연해주 일대에 대한 지리적 상식이 먼저 정리돼있어야 그들의 150년 역사를 제대로 이해할 수 있다. 게다가 나로서는 아버지가 1940년대 초반 반도 땅 끝 남해를 떠나 북상하여 다시 그 길 따라 남하하실 때까지 타박타박, 이곳저곳 걸으셨던 길이었기에 백두산 너머 북방 땅에 대한 관심이 더욱 컸다.

참고로 만주는 앞서 언급한 길림성과 흑룡강성 이외에도

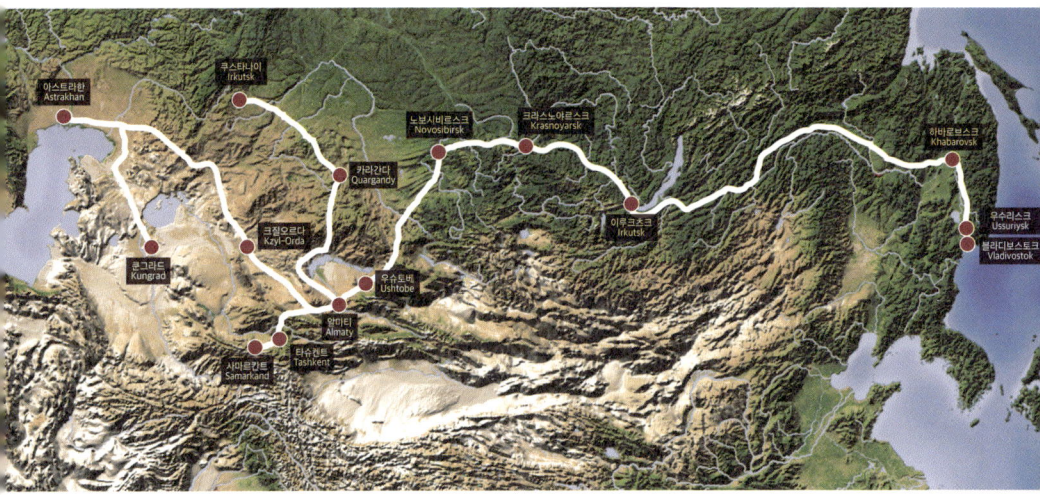

1937년 고려인들의 강제 이주도 모습. 블라디보스토크를 떠난 기차는 시베리아 벌판을 거쳐 한 달가량을 달린 뒤 이들을 중앙아시아 한복판에 내려놨다. 그로부터 고려인들의 한 많은 중앙아시아 이주사가 시작됐다.

요령성과 내몽고자치구의 일부까지 포함한 광활한 지역이다. 그 면적만도 한반도의 다섯 배쯤에 해당하는 113만km^2 규모다. 그리고 연해주는 중국의 흑룡강성, 길림성 등과 접해있고, 우리 땅 함경북도와도 일부 접해있는 러시아의 동쪽 끝자락이다. 면적은 한반도보다 조금 작은 16만 6,000km^2가량이고, 두만강역에서 연해주 주도인 블라디보스토크역까지의 직선거리는 고작 135km다. 하지만 기차를 이용할 때는 구불구불 동해 해안선 철로를 따라 열네 시간가량이나 소요된다.

고려인, 그들은 누구인가?

19세기 중엽부터 활동했던 러시아 군인 출신이자 탐험가인 프르제발스키Przhevalskiy라는 사람이 있다. 네 차례에 걸친 아시아 내륙 지역 탐험을 통해 많은 공적을 남긴 사람이다. 그가 1867년부터 1869까지 우수리 지방을 탐사한 뒤 다음과 같은 글을 남겼다고 한다. 우수리는 중국과 러시아의 경계를 이루며 흐르는 우수리강 유역이다.

> 분지를 강 양쪽으로 거의 같은 크기로 갈라놓아 농사에 편리하고 비옥한 농토를 만들어놓고 있다. 멀리 떨어진 산에는 참나무 숲이 들어서 있다. 집들은 100~300보씩 서로 떨어졌다. 흙벽과 문종이를 발라 막은 창문, 아궁이와 판자 침상, 초

가지봉 등을 볼 수 있다. 주식인 조를 많이 파종한다. 양은 적지만 옥수수, 감자도 심는다.

이 글을 남긴 프르제발스키는 '1860년대부터 그들은 고구려 또는 고려 사람을 뜻하는 까우리Kauli로 불렸다'고 기록했다. 그로부터 고려인 150년의 역사는 시작됐다. 때는 조선 후기였다. 그런데 이들은 왜 스스로 조선 사람이라 하지 않고 고려 사람으로 불렀을까? 아직 명쾌하게 알려진 바는 없다. 다만 1860년대면 동학이 들불처럼 번질 시기였다. 그러니 조정의 탄압을 피해 두만강을 건넜던 동학 1세대들이 후천개벽 오만 년의 역사를 새로 쓰고자 조선과 결별한 게 아닐까, 나름 그렇게만 추측됐다.

프르제발스키가 목격한 고려인들의 공동체 마을은 '지신허地新墟'란 곳이었다. 지금의 하산Khasan 지역으로 두만강 건너 러시아령 첫 동네다. 이 신세계로 첫발을 뗀 공식적인 사람들은 두 사람(崔運寶, 梁應範)이 이끌고 들어온 함경도 농민 열세 가구였다. 물론 그전에도 두만강 너머 버려진 땅을 개간했던 조선 농민들이 있었다. 하지만 그들은 입출경식 농사였다. 완전 이주를 결정했던 열세 가구와는 결이 다른 형태였다.

이 같은 기록은 학자들의 연구 결과로 입증됐다. 앞의 경북대 이채문 교수처럼 대단한 이들이 참 많다. 다음은 연구자들이 조사해 발표한 또 다른 자료들로 이들의 이주 시기까지 정확하게 짚고 있어 과문한 후학으로서는 그분들께 감사를 표하지 않을 수 없다.

> 서력 일천팔백육십삼 년은 곧 음력 갑자지년이라. 우리 동포 십여 가구가 처음으로 이 아국지방 지신허에 건너와서 황무지를 개척하고 연하야 살음(살게 됨)에 해마다 몇십 호씩 늘어가니….

이 글은 1908년 2월 고려인들이 러시아 땅에서 창간했던 한글판 일간지 해조신문海朝新聞의 발간사 일부다. 이 신문의 발행인은 최봉준이란 사람이었다. 그 역시 여덟 살이던 1869년 부모님을 따라 연해주로 건너온 초기 이주민이다. 그런 점에서 글의 신뢰가 컸다. 하지만 일부 오류가 나타났다. 그가 쓴 1863년은 '계해년'으로 갑자년이 아니었다. 갑자년은 한 해 뒤인 1864년이라야 맞는 것이었다. 그래서 또 다른 자료 하나가 더욱 신빙성을 얻게 됐다. 하지만 여전히 그 효시가 1863년이라는 주장도 일부 없진 않다.

> 사천백구십칠 년 갑자춘에 무산 최운보, 경흥 양응범 인이 가만히 두만강을 건너 훈춘을 경유하야 지신허에 래주하야 신개간에 착수하니….

이 자료는 독립운동가 계봉우 선생이 1920년 독립신문에 연재했던 '아령실기俄領實記' 일부다. 이 내용과 해조신문의 발간사를 엮으니 고려인의 이주 첫해는 1864년이 확실했다. 단기 4197년은 서기 1864년이다. 그리고 갑자년까지 일치했다. 특히 계봉우 선생은 1914년 '고려인 이주 50주년'을 맞아 편찬된 '한인노령이민사'의 책임 편집자였기에 그의 기록적 신뢰는 더욱 컸다.

이후 해를 거듭하면서 지신허에는 새로운 이주민이 급증했다. 기록을 보면 처음 열세 가구였던 이주민이 3년만인 1867년 500명으로 늘어났다. 그리고 1868년엔 한 해 동안 900명이 도강했다는 기록이고, 1869년엔 무려 6,350명이나 되는 대규모 이주민이 지신허로 몰려들었다는 기록이다. 그 이유는 함경도 지방의 큰 흉년 때문이었다고 해조신문 발행인 최봉준은 다음과 같이 회고했다.

> 기사년에 이르러 본국 함경도 지방에 흉년이 크게 들거늘 그 해 겨울에 기황 들었던 백성 수천 호가 일시에 지신허로 내도하니 기왕에 우거하던 몇십 호의 농작한 힘으로는 수천 인구를 구제할 방책이 없는지라, 그런고로 기황을 이기지 못하여 생명을 구제하매 극근득생極僅得生한 반분에 지나지 못하였다.

여기서 한 가지 아쉬운 것은 동학교도들의 초창기 이주사移住史에 대한 기록이 전무하다는 점이다. 혹은 내가 게을러 아직 못 찾은 것인지도 모르겠다.

지신허 신세계를 열었던 1864년은 공교롭게도 수운 최제우 대신사께서 사도난정邪道亂正이란 죄목으로 순도하셨던 해다. 당시 동학은 지금의 촛불혁명처럼 조선 민중의 대세였다. 수운 대신사가 1862년 9월 사술邪術로 백성들을 현혹한다는 죄목으로 경주 진영에 갇혔을 때 수백 명의 제자가 석방을 청원했다는 기록이 있고, 순도 1년 전인 1863년에는 영호남과 중부 지방까지 세를 넓혀 13개의 접소 아래 3,000명 이상의 동학교도가 활동했다는 기록도 남아있다.

대신사의 순도 이후 동학은 용시용활用時用活의 시기로 접어든다. 도통을 넘겨받은 해월 최시형 신사께서는 '때를 맞추어 나가지 못하면 죽은 물건과 다름없다'고 가르쳤다. 이 시기 두만강을 건넜던 수많은 사람 가운데는 때를 기다리며 수도 정진한 동학교도들도 대거 포함되었을 것이라 추측된다. 하지만 이 시기에 대한 자료가 일절 없다. 그로부터 40년가량이 지난 1900년대에 이르러서야 동학도들의 연해주 흔적이 조금씩 나타났다.

하긴 그나마 다행이다. '역사란 과거와 현재의 끊임없는 대화'라 했다. 그런 기록이라도 있었기에 미래로 가기 위한 과거와의 대화를 잇고자 100년 시공을 넘어 이곳까지 날아올 수 있었고, 지금 그들과 그들의 후손이 걸었던 길을 낯설지 않게 바라볼 수 있게 됐다.

신한촌 고려인 사회와 동학 천도교

1920년대 연해주 고려인 사회는 인구 20만 이상의 도시로 성장했다. 통계를 보니 1920년 수도 경성 전체 인구가 25만 명이었다. 말하자면 도강渡江 60년 만에 경성과 맞먹는 도시 하나를 타국에 건설한 셈이었다. 고려인들은 이 도시를 신한촌新韓村, 또는 신개척리新開拓里라 명명했다. 중심 공간은 초기 이주지 지신허에서 동쪽으로 조금 더 나아간 블라디보스토크 일대였다.

여행 전, 며느리의 도움을 받아 온종일 컴퓨터와 씨름하며 1920년대 신문을 뒤적였다. 그러다 1922년 2월 28일 자 동아일보에서 흥미로운 기사 하나를 발견했다. 1922년이면 96년 전 이야기다. 그 시절의 천도교 역사 한 토막을 내가 직접 찾아 읽고 있다는 사실에 전율마저 느껴졌다.

신문은 블라디보스토크의 당시 지명을 해삼위海參崴로 표기했다. 미국의 LA조차 나성羅城으로 표기하던 시절이니 근동의 이 지역을 중국식으로 표기(海參崴, 하이선와이)한 것은 너무나도 당연했다. 더군다나 1860년 이전까지 블라디보스토크는 중국 땅의 일부였다. 1860년 청나라는 굴욕적인 베이징조약을 통해 이 지역을 러시아에 넘겨줬다. 다음은 내가 찾은 당시 기사로 '텬도교'(천도교) '뎐보'(전보) 등의 옛 문체는 현대 어법으로 고쳐 썼다.

> 해삼위海參崴 신한촌에 있는 천도교 교구에서는 교당 개축비를 모집하기 위하여 연극 단원 25명을 조직하여 조선 내지에 오기로 결정되었다는데 3월 상순에 해삼위를 출발하리라 하며 방금 발기자 중에 가장 유력한 정규선鄭奎璇 씨는 '인생의 눈물'이라는 각본을 창작 중이라는 바, 그들이 3월 상순에 조

선에 오기로 작정한 것은 4월 초에 경성 천도교 본부에서 동교의 천일 기념행사를 거행함으로써 이 기회를 이용하여 유지의 기부를 많이 모집고자 목적함이라더라. (해삼위 전보)

내가 알기로 블라디보스토크 천도교 교구는 1921년 7월 처음 설립됐다. 초대 교구장은 독립운동가로도 유명한 김치보金致寶 선생이다. 자료를 찾아보니 김 선생은 1859년 9월 평양에서 태어나 1908년 블라디보스토크로 이주했다. 그리고 현지에서 한약방을 운영하며 독립운동을 시작했다. 특히 1919년 3·1운동 직후 대한노인동맹단장을 맡아 서슬 퍼렇던 시절 블라디보스토크 일본 총영사관에 독립요구서를 제출하는 기개를 펼쳤는가 하면, 그 유명한 강우규 의거를 주도하기도 했던 역사적 인물이다.

그 시절 블라디보스토크는 독립운동의 전진기지였다. 1900년대 초반부터 전개된 이 지역에서의 독립운동사를 나열하자면 그것만으로도 10질 이상의 전집 분량이다. 특히 의암 손병희 성사가 전면에 나서 천도교 중심으로 펼쳤던 3·1운동과 그 시기 전후로 일제와 맞섰던 천도교 독립지사들의 혁혁한 공적만도 나열하기 힘들 만큼 그 양이 방대하다. 백범 김구 선생도 광복 직후 천도교 중앙대교당을 방문한 자리에서 "만약 천도교 중앙대교당이 없었다면 3·1운동이 없었을 것이고, 3·1운동이 없었다면 대한민국 임시정부가 없었을 것이고, 대한민국 임시정부가 없었다면 대한민국이 없었을 것"이라고 말씀했을 정도 아니던가.

1920년대 신문을 펼쳐보던 나의 눈길은 곳곳에서 멈춰 섰다. 천도교 기사 천지였다. 예컨대 이런 식으로 소개됐다.

> 평양의 천도교 강연(동아일보 1920년 5월 26일 자) : 5월 22일 오후 8시 당지當地 천도교 교구실에서 천도교 월보 주간 이돈화李敦化 씨(演題 : 현대 사조와 천도교)와 경성 천도교 청년회 간무幹務 박사직朴思稷 씨(演題 : 인생과 종교)의 강연이 유하였는데 청중은 인산인해가 되어 파頗히 성황을 정呈하였다더라.

> 천도교 간부에게 경고(동아일보 1921년 9월 3일 자) : 경기도 공등지사

工藤知사는 지나간 31일 오전 9시경에 별안간 천도교회의 대도주大道主 박인호朴寅浩와 대종사장大宗司長 정광조鄭廣朝, 현기관장玄機觀長 오상준吳尙俊, 경성대교구장 장효근張孝根, 청년회장 정도준鄭道俊 씨 등 다섯 명의 중요한 인물을 호출하여 엄중한 경고를 하였다는데, 그 내용을 자세히 들은즉 별안간에 천도교회에서 어떠한 불온한 운동을 일으키는 행적이 있는 까닭에 특별히 이번에 단속을 하기 위하여 경고를 한 것이 아니요, 원래 천도교로 말하면 수백만 명의 신도를 가졌을 뿐 아니라 당국에서도 이미 훌륭한 종교로 인정하는 터이니 재작년에 교주 손병희가 조선 독립을 선언한 이래로 교도 사이에는 다소간 불온한 기분이 있었으나 요사이는 일반 교도들 사이에도 인심이 거의 정돈되고 동교회의 자세도 정치 운동을 중지하고 종교 사업에 힘을 쓰는 터이나 요사이 조선 사람 사이에는 화성돈회의華盛頓會議(편집자 주 : 워싱턴회의)를 중심으로 하여 여러 가지의 풍설이 유행할 뿐 아니라 상해임시정부에서는 이 기회를 이용하여 다시 새로운 운동을 일으켜 태평양회의에 대표자를 보내느니 조선 문제를 제출하느니 하여 그 운동비를 조선 안에서 증수코자 하여 비밀리에 조선 안으로 사람을 파견하여 인심을 선동하며 자본금을 모집하려고 크게 운동을 한다는 등 풍설과 혹은 이번에 열리는 태평양회의에는 조선 문제가 제출될 것은 물론이요, 제출된 이상에는 조선은 염려 없이 독립이 된다 하는 등 일 종류의 풍설이 유행하는 중에 천도교를 선동하여 운동비를 모집하려고 여러 방면으로 운동을 한다는 풍설도 있으므로 당국에서는 지금 천도교도들이 불온한 사상이 있다 하여 단속을 하는 것이 아니라 천도교 자체를 위하여서든지, 또한 인심의 안정을 생각하여 전기한 다섯 명의 천도교회 간부를 불러 경고한 것이라는데 만일 이즈음에 신도 중에서 불온한 운동에 참가하거나 불온한 운동단과 연락을 하는 사람이 있으면 단연한 처분을 할 터이라고 엄중히 경고를 하였다더라.

천도교 시일학교 설립(동아일보 1926년 9월 12일 자) : 천도교에서는 종학원宗學院 또는 중등 정도 초등 정도의 학교를 서울과 지방에 설립하여 사회에 적지 않은 공헌이 있어오든 바 금번에 이들 교육기관을 더욱 영속적으로 전반적으로 각지에 설립하기로 하였다는데 조선을 비롯하여 중국, 일본해, 연해주를 합하여 이들 시일학교가 대략 2천여 개가 설립되리라 하며 경성에서는 금 12일 오후 1시부터 경운동 천도교당에서 개교식을 거행하리라 하는데 시일학교의 직원은 다음과 같다더라. 교장 나용환, 강사 이돈화, 김기전, 방정환, 홍일창, 이두성, 강우, 김병준, 조현우, 계연집, 간사 김영환, 최덕화.

시일학교 기사가 보도되기 직전인 1926년 7월 10일 자 동아일보는 '조선 종교 현황'을 특집 기사로 다뤘다. 이 기사에 따르면 당시 천도교인 수는 200만 명으로 나타났다. 즉 조선 전체 인구가 2,000만 명을 밑돌던 시기이니 열 사람 중 한 사람이 천도교도인 셈이었다. 같은 기사에서 집계한 기독교인 35만, 불교도 20여만 명과는 차이가 큰 수치였다.

그리고 당시 인기리에 발매되던 대중잡지 〈삼천리〉 1930년 10월호도 천도교 교당 수가 군 단위 400개소, 면 단위까지 합치면 1,000개소 이상이라고 소개했다. 또 국내뿐만 아니라 도쿄와 런던, 미주 일대와 심지어 쿠바에까지 천도교 교당인 종리원이 존재한다고 덧붙였다.

미디어는 항상 시대상을 반영한다. 따라서 당시 신문에 천도교 기사가 넘쳐났던 것은 당연한 일이었다. 양이 너무 많아 결국 신문 검색을 포기했다. 신문에 나타난 천도교도들의 당시 독립운동사 정리도 중단했다. 그런 자료들은 이미 연구된 것도 많았다.

특히 일찍이 〈동학가사에 나타난 근대 의식 연구〉 같은 논문을 발표한 윤석산 한양대 교수나 〈1920년대 연해주 지역 천도교인의 민족 운동〉 같은 논문으로 국내외 동학도들에게 자부심을 심어준 조규태 한성대 역사문화학부 교수 같은 분들의 연구 결과를 파고드는 게 차라리 효과적인 공부였다.

하지만 1922년 당시 경성 공연에 나선다고 했던 블라디보스토크 연극 단원 25명의 그 뒤 행적만은 궁금했다. 더군다나 교당 개축 기금을 위해 공연을 기획했다는 대목이 가슴 짠하게 다가왔다. 결과는 어땠을까? 경성 땅을 밟은 그들의 표정은 어땠을까? 극동 땅 블라디보스토크 손님들을 맞은 당시 동덕同德들의 감회는 어땠을까?

조선인으로 떠나 고려인으로 돌아온 동학의 후예들에게 경성 시민들은 어떤 감흥을 느꼈을까? 또 "우리 도道는 중원 포덕中原布德을 할 때가 되어야 포덕천하布德天下의 뜻을 이룰 수가 있느니라" 하셨던 해월 최시형 신사께서는 반도 밖으로 뻗은 도의 웅비를 바라보며 또 어떤 가르침을 주셨을까? 한꺼번에 많은 호기심이 밀려왔다.

그래서 멈추려던 신문 검색을 다시 시작해 아래 기사를 찾아냈다. 동아일보 1921년 4월 23일 자 기사로 제목은 '빙설氷雪의 이역異域 해항海港에서'였고, 그 아래 '남녀 21명의 연예단 입경, 그립던 고국에 온 그들의 깃붐(기쁨)'이라는 부제가 붙어있다. 이 역시 만흔(많은), 자미있는(재미있는), 얼골(얼굴) 등의 당시 문체를 알아보기 쉽게 현재 어법으로 고쳐봤다.

> 멀리 정다운 고국을 떠나 바람 차고 눈보라 심하고 풍량 많은 시베리아의 한쪽에서 많은 한숨과 많은 눈물을 흘리며 언제나 한 번 고국 땅을 밟아볼까 하고 밤낮으로 기다리고 고

대하던 해삼위에 있는 천도교청년회에서는 남녀 21명이 각각 자기의 배운 기술로서 연예단을 조직하여서 지나간 14일에 해삼위를 떠나 18일에 원산에 도착하여 이틀 동안 재미있는 연극과 음악과 무도로서 많은 환영을 받고, 지난 21일 오후 7시 25분에 남대문 착 경원선 열차로 무사히 입경하였는데, 일행 중에는 조선을 처음 온 이가 10여 명이며 그들은 순전한 로서아(러시아) 교육을 받아 언어 행동이 모두 로서아 식으로 되어 조선말을 알지 못하는 이가 많이 있다는데, 그들의 얼굴에는 고국의 산천을 대하매 무한한 감개를 느끼는 듯한 빛이 보이며 더구나 굉장한 남대문을 바라보고는 이곳이 우리 조상들이 활동하던 곳이구나 하고 슬픔을 머금은 듯한 빛이 보이었다. 일행은 천도교회와 개벽사에서 나온 여러 유지의 환영을 받고 이미 예비하였듯 자동차로 호해여관湖海旅館 전동여관典洞旅館으로 향하였다더라.

입오일廿汚日부터 개연開演, 천도교당 안에서 음악 무도와 연극 : 해삼위 천도교청년회 연예단이 들어왔다 함은 별항과 같거니와 일행은 작년에 왔던 일행(편집자 주 : 천도교 공연단이 아닌 일반 공연단)보다도 오히려 그 기술이 낫다 하며, 그 일행 중에는 로국(러시아) 본국에 가서 무도와 음악을 전문한 사람도 있고, 방금 해삼위에서 음악 교수로 있는 이도 있다는데, 오는 25일부터 양일간 경운동 천도교당에서 개연한다더라.

광활한 사막에서 조카 '명철'을 떠올리다

버스는 여전히 키질쿰 사막을 가로질러 질주했다. 실로 광활했다. 가이드가 이제 한 시간쯤만 더 가면 부하라라고 안내했다. 탑승객 절반 이상은 깊은 잠에 빠졌다. 어느 순간 차창 밖을 바라보다 영화 한 편이 떠올랐다. 2000년대 후반 송강호가 열연했던 〈좋은 놈, 나쁜 놈, 이상한 놈〉이란 영화였다.

원래부터도 영화를 좋아했다. 남해에 영화관이 처음 들어선 건 1955년이었다. 하태섭河泰燮이란 분이 만든 '남해극장'이다. 내 친구가 그분과 친척이다. '우리 여섯 살 때 생긴 극장'이란 말을 자주 했던 친구 때문에 극장을 볼 때마다 1955년

이 겹쳐졌다.

　1960년대 중후반 학창시절 숨죽이며 그 극장을 드나들던 기억이 아련하다. 아마 첫 여자 친구도 거기서 만났으리란 기억이다. 이후 서울로 올라와서는 단성사를 애용했다. 그리고 2000년대 이후에는 자동차극장이 유행하며 심야 영화에 푹 빠졌다. 그러고 보니 고향 갈 때면 섬을 반 바퀴 돌아 창선대교 입구까지 드라이브해서 지금은 없어진 '연육교자동차극장'을 애용했던 추억도 생생하다.

　사실 2000년대 전까지는 단순 재미로 좋아했다. 그러다 영화를 예술 장르로 깊이 보기 시작한 건 순전히 조카 덕분이다. 송명철. 장훈 감독의 〈의형제〉와 〈고지전〉을 연출했고, 김기덕 감독의 〈비몽〉 제작에도 참여했던 녀석이 국립현충원에 묻힌 작은형님 아들이다. 유년기 때는 일찍 잃은 아버지의 뒤를 이어 훌륭한 군인이 되고 싶다 했고, 명문대에 입학했을 땐 판검사 기대를 모았던 녀석이 어느 날 갑자기 미국 유학에서 돌아와 영화 연출자로 변신했다.

　"작은아버지, 언젠가는 동학 대작을 꼭 만들고 말 거예요.

 틈틈이 관련 자료를 모으고 수운 대신사님에 대한 공부도 많이 하고 있으니 기대하셔도 좋습니다. 또 할아버지가 주유하셨던 만주 벌판과 아버지의 청년기적 혼이 깃든 남해 노량 앞바다 역시 제가 만드는 작품을 통해 서사적 구조로 다시 태어날 테니 그때쯤엔 만주 촬영장으로, 노량 촬영장으로 작은아버지를 꼭 모시고 다닐게요."

광활한 키질쿰 사막의 아득한 지평선 너머에서 태양이 떠오르고 있다. 우즈베키스탄 북부와 카자흐스탄 사이에 걸쳐있는 '붉은 모래'라는 뜻의 이 사막은 길이만도 1,400km, 면적은 대한민국 크기의 세 배에 달하는 30만km² 규모다.

〈좋은 놈, 나쁜 놈, 이상한 놈〉 개봉 소식을 듣고 득달같이 티켓부터 예매했다. 1930년대 만주를 배경으로 격동기를 살아가는 조선 풍운아 세 남자의 이야기란 줄거리에 명철이 떠올랐다. 그리곤 너무 일찍 가신 작은형님 생각에 또다시 눈가가 젖어왔다. 그러면서 녀석의 말대로 동학 대작을 위해 경주 용담 촬영장으로, 아버지를 그리며 만주 촬영장으로, 또 친구들과 뛰어놀던 남해 노량 촬영장으로 녀석과 함께 마음껏 돌아다닐 그 어느 날을 꿈꿔봤다.

줄여 부르기 좋아하는 사람들에 의해 〈놈놈놈〉이란 별칭으로 개봉된 영화의 압권은 시베리아 삭풍 아래로 펼쳐진 광활한 공간 배경이었다. 거기에 시대적 상황이 낳았을 만주 벌판의 위태로운 아름다움이 적절하게 가미됐다. 그리곤 핏빛 치파오를 걸친 미녀의 유혹과 자욱하게 감도는 아편굴, 삶의 방식이 뒤섞인 제국 열차, 살벌한 대결장 등 관객의 호기심을 자극하는 소재를 바탕으로 '열차 강도'(송강호)와 '현상금 사냥꾼'(정우성)과 '마적 두목'(이병헌) 등 풍운아 세 사람이 긴장감 넘치는 스토리를 전개했다.

지금 바라보는 키질쿰 사막을 만주 벌판으로 교체하니 단성사에 앉았던 10년 전 기억이 더욱 또렷했다. 그러면서 조만간 명철과 꼭 다시 와보리라, 그리고 이 공간 또한 동학 고려인이 등장하는 새로운 서사적 구조로 재탄생시키고, 그 구조 속에서 150년 한민족 디아스포라의 한을 세계 시민에게 알릴 수 있는 대작 한 번 만들어보라 강권하고 싶어졌다.

많은 사람이 알고 있듯 〈놈놈놈〉은 소설 《십오만 원 사건》을 모티프로 제작됐다. 이 소설은 고려인 작가 김준의 작품이다. 지금 돈 110억 원쯤에 해당하는 일제의 철도 부설금 15만 원을 탈취해 독립군을 무장하려 했던 1920년대 만주 지역 철혈광복단의 실화가 바탕이다. 따라서 이 소설은 항일 운동사적 자료로도 높은 평가를 받는다.

고려인 문화예술사 발전에 기여한 천도교

조규태 한성대 교수는 〈1920년대 연해주 지역 천도교인의 민족 운동〉이란 논문을 통해 '블라디보스토크 천도교인들은 일본군이 연해주를 장악하고 있던 1920년 4월부터 1922년 10월까지 포교 활동과 문화 운동을 전개했다'면서 '특히 블라디보스토크 교구의 천도교인들은 1922년 4월부터 7월까지 국내 순회공연을 벌여 한인들에게 자신들의 노래와 춤을 소개하고 민족의식을 고취하는 강연을 했다'고 소개했다.

이 시기를 기점으로 블라디보스토크 고려인 사회에는 문화사적으로 많은 변화가 일어났다. 우선 1923년 3월엔 20만 고려인 사회의 여론을 대변하는 한글 신문 〈선봉先鋒〉이 창간됐다. 〈해조신문〉(1908년 2~5월), 〈대동공보〉(1908년 6월~1910년 9월), 〈권업신문〉(1912년 4월~1914년 9월)에 이어 오랜 암흑기를 지나 다시 창간된 한글 신문은 고려인 사회에 많은 정보를 제공했다.

신문의 호응은 대단했다. 1923년 당시 연간 서른네 차례 발간됐던 신문은 1924년 발간 간격을 주 2회로 좁혔고, 이후 잠시 어려운 시기도 있었지만 1932년부터는 격일 발간으로 발전했다. 그리고 발간 부수 또한 1만 부를 넘어 영향력 있는 매체로 성장했다. 1930년대 중반 한용운의 연재소설에 힘입어 최고 발행 부수를 자랑하던 조선일보조차 6,000부를 발행하던 시절이니 1만 부 발간은 제법 묵직한 수치였다.

연해주 시대 고려인 사회의 매체사를 공부할 수 있었던 건 여러 자료를 보내준 '조작' 덕분이다. 그는 출발 전 인천공항에서 탑승 시각을 기다리며 조명희 작가에 대해서도 많은 이야기를 들려줬다. 〈선봉〉 신문이 성장하던 시기 조명희 작가가 블라디보스토크로 망명해 이 지역의 문화사에 많은 영향을 끼쳤다는 얘기였다.

"이번에 우즈베키스탄 가면 타슈켄트에 있는 조명희 기념관을 꼭 들러보셔야 합니다. 우즈베키스탄 문학의 아버지라 불리는 알리셰르 나보이 문학관 4층에 마련돼 있는데요, 연해주와 중앙아시아 시기 모두를 통틀어 고려인 문학사에 있어 조명희 만한 분도 없을 겁니다. 1928년 8월 일제의 탄압을 피해 연해주로 망명하신 분인데, 천도교가 발행한 《개벽》 잡지에도 여러 글을 발표했던 분이지요."

'조작'은 그러면서 조명희는 원래 근대 연극사에 큰 획을 그은 희곡 작가였는데, 《개벽》 잡지 1923년 11월호를 통해 '파사婆娑'라는 역사극을 발표한 뒤 더 이상 희곡 작품을 쓰지 않았고, 그 뒤 소설가로 변신했는데 그 첫 작품 역시 《개벽》 잡지 1925년 2월호에 실린 단편 〈땅속으로〉였다고 흥미로워했다.

'조작'의 설명에 따르면 앞서 소개한 소설 《십오만 원 사건》의 김준도 조명희로부터 영향받은 작가였다. 조명희는 안타깝게도 1938년 5월 스탈린 체제의 오판으로 이국땅에서 처형됐다. 하지만 그가 장편 〈붉은 깃발 아래서〉와 〈만주 빨치산〉 등을 집필하며 연해주의 여러 문청文靑들에게 끼친 영향은 묵직하게 남아있다. '조작'은 중앙아시아 '고려인 문학'의 태동을 주도했던 강태수, 리시연, 문금동, 최영근, 김 부르크 등이 바로 《개벽》 시대의 거장 조명희의 문학적 줄기 속에서 뻗어 나간 가지들이었다고 덧붙였다.

"고려인들에게는 동학 천도교의 영향이 직간접적으로 자연스럽게 스며들었으리라 봅니다. 직접적으로는 1920년대 신한촌의 문화사를 주도했던 블라디보스토크 교구의 역할이 컸으리라 보고, 간접적으로는 1922년 천도교가 발행했던 《개벽》의 역할이 대단했다고 봅니다. 1932년 연해주에는 반가운 소식 하나가 더 보태집니다. 고려극장이란 이름으로 본격적인 예술 극단이 창단된 것인데요, 이 역시 1920년대 초 조선 순회공연에 나섰던 천도교 연예단의 영향이 씨앗으로 작용했으리라 짐작되는 대목입니다."

'조작'의 설명은 동학 DNA의 원형을 찾아 중앙아시아 여행에 나선 내게 큰 위안이 됐다. 워낙 과문한 탓에 연해주 고려인 사회의 문화예술사까지 챙기는 데는 부족함이 많았다.

  여행은 역시 '아는 만큼 보이는 것'만은 아니었다. 궤적만큼 보이고, 떠나기 전에 보이고, 다녀와서 보이고, 상상만큼 보이는 종합 학습 세트였다. 백문百聞이 불여일견不如一見이라 했다. 이 말을 '백문百文이 불여일화不如一話'라 고쳐 쓰니 부하라에서 만날 고려인 두 사람과의 대화가 조급할 만큼 기대됐다.

제2장

'고려아리랑'을 아십니까?

'지붕 없는 박물관' 도시 부하라

"여러분 먼 길 오느라 수고 많으셨습니다."

부하라 시내로 들어서자마자 오랜 침묵을 깨고 가이드가 다시 마이크를 잡았다.

"이제 오늘과 내일에 걸쳐 부하라 관광을 하시게 될 텐데요, 이곳 부하라는 '지붕 없는 박물관'이라 불릴 만큼 도시 전체가 고대와 중세 유적지들로 가득 차 있습니다. 이곳 날씨는 지금 영상 기온입니다. 히바보다는 많이 따뜻할 테니 도시 곳곳을 둘러보시는 데 아주 좋을 것 같습니다. 먼저 식사부터 하신 뒤 호텔에 짐을 풀어놓고 잠시 쉬신 후 오늘은 조별로 두세 곳씩만 관광할 예정이니 참고해주시기 바랍니다."

지도를 펼쳐보니 실로 먼 거리를 달려왔다. 서울에서 남해까지의 자동차 도로 길이가 360km가량이다. 말하자면 그 거리보다 100리쯤을 더 달려온 셈인데 도로 사정이 안 좋아 피로감이 컸다. 게다가 똑같은 사막 지대 풍경만 펼쳐져 젊은 사람들은 지루했을 것도 같다. 하지만 나로서는 좋았다. 생각할 것도 많았고, 떠오르는 상념도 많았고, 이것저것 들여다볼 것도 많았다.

머릿속에 대략적인 지도를 쟁여뒀다. 어느 쪽이 북쪽이고 어느 쪽이 남쪽인지, 그리고 동서 방위는 또 어떻게 되는지, 방향 감각을 놓치면 불안하기 짝이 없다. 그러고 보니 남쪽 방향으로 100km쯤만 내려가면 투르크메니스탄 국경이다. 그리고 직선거리 북쪽 250km 지점은 카자흐스탄 국경이다.

"아버님, 중앙아시아 가시면 스탄 국가들이 많잖아요? 우즈베키스탄, 투르크메니스탄, 카자흐스탄 등이요. 그래서 '스탄'이 대체 뭘까 하고 찾아봤더니 땅이라는 뜻이래요. 그러니까 우즈베키스탄은 우즈베크 민족의 땅인 거고, 카자흐스탄은 카자흐 민족의 땅인 거죠."

여행 떠나오기 전 며느리 덕분에 좋은 상식 하나를 더 챙겼다. 병도 알려야 여기저기서 명의가 나타나듯 여행 또한 어디로 가는지, 왜 가는지, 무엇을 얻고자 하는지 얘기할 필요가 있겠다고 생각했다. 몇몇 사람에게 우즈베키스탄 간다고 하니 열에 일곱이 내비게이션 역할을 자임했다. 하지만 그중 둘은 최신 내비였고, 넷은 업데이트가 필요한 내비였으며, 하나는 고장 난 내비였다.

"우크라이나 가시면 말이지요."

'우즈베키스탄'이란 말을 여러 차례 했을 텐데, '우크라이나'로 동문서답한 후배 하나가 고장 난 내비의 대표적 사례였다.

"우즈베키스탄 다녀온 사위가 그러던데 은행 가서 돈을 바꿨더니 한 짐을 주더라는 거야. 돈 만들 예산이 없어 그런가? 고액권이 없대요. 그러다 보니 100달러만 바꿔도 한 짐이라니 남해수산 김 사장한테 두툼한 전대라도 빌려 가게."

고향 친구 P가 조언했다. 업데이트가 필요한 내비였다. 미르지요예프라는 새로운 대통령 시대를 맞아 지난해, 그러니까 2017년부터 1만 숨짜리와 5만 숨짜리 고액권이 발행돼 그런 불편함은 사라졌다. 즉 1달러가 8,000숨이니 100달러면 80만 숨이다. 따라서 5만 숨짜리 16장이니 지갑만으로도 충분했다.

"환전은 반드시 암달러상에게 하라는구먼. 은행 가면 절반도 안 준대요. 이중 환율제라나 뭐라나. 암튼 우리네 1960년대 같은 모양이니 이것저것 잘 알고 떠나시게."

이번에는 기계 조립 공장 하는 선배 C였다. 그는 자신이 데리고 있는 우즈베크 직원한테 직접 들은 얘기라는 보증까지 앞세웠다. 언제 들은 이야기인지는 모르겠지만 이 역시 업데이트가 필요한 내비였다. 2017년 9월부터 이중 환율제를 완전히 철폐해 과거 암달러상 수준으로 모든 환율을 통일했다.

"곧 비자가 면제될지도 모른대요. 우즈베키스탄에 많은 변화 바람이 일고 있다는군요. 마침 얼마 전 아들 친구가 그 나라로 출장을 다녀온 모양인데 한국과의 교역량도 부쩍 늘고 있고, 새 대통령 시대를 맞아 고려인 출신을 장관으로 앉히는 등 우리나라와 가깝게 지내려고 무척 노력한다고 그러더라고요."

지인 K로 그는 최신 내비였다. 우리 며느리만큼이나 정확한 정보를 공유했다. 그가 말한 고려인 장관은 신 아그리피나라는 신임 유아교육부 장관이다. 새 대통령은 오랫동안 우즈베키스탄 총리로 재직했다. 그 시절 사위가 한국GM에서 근무했다. 외손주가 한국에서 크다 보니 비공식적으로 한국을 자주 드나들었던 모양이다. 그러면서 외손주가 다니는 유치원에 많은 관심을 갖게 됐고, 대통령에 당선되자마자 '모든 유치원 교육 정책을 한국에서 배우라'며 유아교육부를 별도로 신설하곤 초대 장관을 고려인으로 임명했다. 이 소식은 국내 언론에도 보도돼 많은 사람이 기뻐했다.

중세 중동의 어느 도시 한복판에 선 느낌

"부하라는 1993년 도시 전체가 유네스코에 의해 역사지구로 지정됐습니다. '도시 배치와 건물들이 중앙아시아 지역의 도시 계획과 발전에 많은 영향을 끼쳤다'는 평가와 함께 '중앙아시아 중세 도시 중 도시 구조의 많은 부분이 고스란히 남아있는 가장 완벽한 사례'라는 게 역사지구로 지정된 이유였습니다."

아마 외국 관광객들이 경주 역사지구를 관광하면서도 같은 느낌이 들었을 것 같다. 타임머신을 타고 1,000년 전으로 돌아간 시간 속에서 서라벌 사람으로 다시 태어난 느낌이 꼭 이런 기분이었으리라 생각됐다.

가이드의 설명대로 거의 완벽하게 보존된 중세 유적지들을 바라보며 때론 대상隊商 카라반의 일부가 되어 낙타 등에 올라탄 서역 상인의 한 사람으로, 때론 멀리 카스피해 인근에서 성지 순례를 떠나온 가난한 무슬림으로, 때론 고려가 망하자 불사이군不事二君의 충절로 낙향했던 시조 은진군恩津君의 증손을 이곳까지 안내한 상상 속 길동무로, 나 아닌 나 혹은 또 다른 나로 변신해 걷는 중세 어느 한 즈음의 구도심 여행길이 즐거웠다.

히바 이찬칼라의 랜드마크가 높이 45m의 이슬람 홋자 미나레트Islam Khoja Minaret였다면 이곳 부하라의 랜드마크는 칼란 미나레트Kalan Minaret였다. 히바의 그것보다 2m 높은 47m 높이의 이 첨탑은 1172년에 완공된 중앙아시아 최대 규모의 미나레트다.

"칼란이란 타직어로 '크다'라는 뜻입니다. 쉽게 말해서 대형 첨탑이란 이름을 가진 이 미나레트는 보시다시피 위로 올라갈수록 좁아지는 원통형입니다. 한국에서 오신 관광객 한 분이 알려주셔서 저도 알게 된 건데요, 한국 아파트 1층 높이가 2.8m라고 들었습니다. 그러니까 이 탑은 한국 아파트 17층 높이인 셈입니다."

가이드는 높이를 안내하면서 관광객들에게 눈을 한 번 감아보라고 했다. 700년 전쯤으로 돌아가 멀리 사마르칸트에서 낙타를 타고 이곳 부하라를 거쳐 멀리 페르시아로 가는 실크로드 초행자가 되어보라고 했다. 별빛 쏟아지는 사막 지대를 지나 몹시 지친 몸으로 오아시스에 닿기만을 학수고대하던 당신의 눈에 저 멀리 환하게 불 밝힌 첨탑 하나가 들어왔다고 상상해보라고도 했다.

"네, 그렇습니다. 이 첨탑은 한때 사막의 등대 기능으로도

부하라의 랜드마크는 칼란 미나레트였다. 47m 높이의 이 첨탑은 1172년에 완공된 중앙아시아 최대 규모의 미나레트다. '칼란'이란 타직어로 '크다'라는 뜻으로, '대형 첨탑'이란 이름의 이 미나레트는 한때 탑 위에 불을 지펴 사막의 등대 역할을 하기도 했다.

유명했습니다. 탑 꼭대기에 불을 지펴 멀리서도 이 첨탑을 볼 수 있도록 했던 건데요, 특히 부하라를 지나 히바 쪽이나 지금의 투르크메니스탄 국경을 넘어 페르시아 쪽으로 가는, 혹은 그 반대 길을 걷던 실크로드 거상들에게 아주 유용한 등대 역할을 했다는 이야기가 전해지고 있습니다."

그러면서 가이드는 이 탑의 또 다른 전설 하나를 보태며 호기심을 자극했다. 이번엔 칭기즈칸에 대한 일화였다. 1220년 부하라를 점령한 칭기즈칸은 칼란 미나레트와 붙은 칼란 모스크에서 승전 파티를 열었다. 그리곤 기분 좋게 취한 칭기즈칸이 말에 올라 탑머리를 바라봤다. 그때 바람이 불어왔고 그의 투구가 벗겨졌다. 말에서 내린 칭기즈칸이 허리를 숙여 투구를 집어 들며 이렇게 말했다는 일화였다.

'여러 나라를 정복하며 누구 앞에서 단 한 번도 투구를 벗지 않았으며 허리를 굽혀본 일도 없다. 그런데 이 첨탑은 나의 투구를 벗겼고, 나의 허리를 숙이게도 했다. 영험한 첨탑이다. 도시 전체를 부수더라도 이 첨탑만은 그냥 놔두리라.'

입에서 입으로 전해져 내려온 일화라 '카더라'적 요소도 있고, 칭기즈칸의 오만함만 느껴져 그리 감동적이지도 않았다. 하지만 어떤 이유에서든 칼란 미나레트는 살아남아 지금까지 보존됐다. 칭기즈칸이 누구던가. 거칠게 휘몰아치는 사막의 모래폭풍에 빗대 사람들은 그가 이끈 정복자들의 말발굽을 '카라부란Karaburan'이라 일컬었다. 정복한 도시의 모든 것을 파괴했고, 약탈하고, 닥치는 대로 사람들을 죽였던 핏빛 제국사의 주인공 아니던가.

"아재 개그 같은 얘기지만 스토리텔링은 중요하지요. 가이드의 설명에 귀를 쫑긋하고 듣던 사람들의 표정이 차라리 흥미로웠습니다. 우리 동학 성지에도 더 많은 스토리를 발굴해 입히면 좋겠다는 생각을 해봤습니다."

오늘 관광은 칼란 미나레트와 그 옆에 붙은 칼란 모스크까지였다. 호텔로 돌아오는 길 일암이 동학 성지의 스토리텔링을 강조했다. 맞는 얘기였다. 지금도 좋은 이야기는 많다. 하지만 한 번 들으면 영원히 잊지 않을 감성적인 스토리를 더 많이 개발하면 좋겠다고 생각했다. 칼란 미나레트에서의 칭기즈칸 일화는 싱거웠다. 하지만 조금 전 칼란 모스크에서 들었던 가이드의 설명 한 토막은 아주 오랫동안 기억에 남을 사연이라 가슴 아팠다. 신화나 전설은 감동이 적다. 바로 이런 이야기가 중요했다.

"저기 정원 한가운데 있는 탑은 칭기즈칸이 부하라를 침공했을 때 희생된 700명의 아이들을 기리기 위해 만든 탑입니다."

대체 아이들이 무슨 죄가 있다고…. 아직도 잔상에 남은 모스크 정원 탑을 향해 800년 전 어린 영혼들을 위하여 105 묵주를 돌리며 심고, 머리 숙여 기도했다.

문장군蚊將軍, 당신들이 문제야

호텔로 돌아오니 약속돼있던 이 알렉산드리아 씨가 로비에서 기다리다 반갑게 인사했다. 그는 부하라에서 개인 사업을 하며 만학도로 박사 논문을 준비 중인 고려인 4세였다. 한국에도 여러 차례 다녀온 적이 있다며 친근감을 표시하는 그의 첫인상이 좋았다.

"동생한테 이야기 들었습니다. 오시면 잘 모셔달라고 했습니다."

그가 말한 동생은 지금 한국에 있다. 러시아와 무역하는 친구 회사에서 사무직으로 일하는 이 사람 동생을 나도 친구

회사에 들렀다 몇 번 본 적이 있다. 둘의 모습이 많이 닮아 초면임에도 친근했다.

"우즈베키스탄 음식은 잘 맞으시던가요?"

나는 예의상 아주 잘 먹고 있다고 대답했다. 하지만 몇 끼 안 됐지만 솔직히 음식 때문에 고생하는 중이었다. 모든 음식이 내 입맛에는 지나치게 짜서 숟가락 대기가 두려웠다. 한국 사람들이 좋아한다는 '쁠롭'이라는 기름밥도 생쌀 씹는 듯 밥알이 딱딱해 입맛에 안 맞았다.

이 알렉산드리아 씨는 전통 샤슬릭을 대접하고 싶다며 앞장섰다. 부하라의 밤공기가 차가웠다. 하지만 보드카와 샤슬릭과 이국의 오늘 같은 찬 공기는 왠지 잘 어울릴 것 같아 식당으로 가는 길이 기대됐다.

"솔직히 저도 90%는 우즈베키스탄 사람입니다. 한때는 한국말도 거의 다 잊고 살았습니다. 제가 올해 마흔인데, 중학교에 막 올라갈 때 독립을 맞았습니다. 아버지는 돌아가셨고, 어머니가 올해 예순다섯인데 어릴 때는 집에서 한국말만 썼습니다. 그런데 아버지가 돌아가시고, 중학교에 가면서는 집에서도 거의 러시아 말만 썼습니다."

보드카 병을 반쯤 비울 무렵 이 알렉산드리아 씨는 동학 천도교를 들어봤느냐는 나의 질문에 미간부터 찌푸렸다. 그러면서 할아버지 때는 모르겠지만 부모님 세대로 와서는 거의 러시아식으로 살았기 때문에 한국 역사조차 몰랐다고 털어놨다.

"할아버지가 일곱 살 때 이곳에 오셨다고 들었습니다. 아버지는 종전 뒤 여기서 태어나셨지요. 어머니도 여기서 태어난 고려인 3세입니다. 증조할아버지가 여기 와서 큰 농사를 지어 우리 집은 그런대로 잘 살았습니다. 그래서 아버지 때부터는 더 일찌감치 러시아식으로 살았는지 모릅니다. 고려인 중에서도 조금 어려운 집은 한국식 전통이 더 길게 이어졌다고 들었습니다."

일리 있는 얘기였다. 굽은 나무가 묏자리 지킨다는 말도 있다. 쭉쭉 뻗은 나무는 절대로 묏자리 앞에 서 있을 수 없다. 집수리할 때 건축 자재로 베어가게 마련이다. 하지만 굽은 나무는 땔감 말고는 쓸 데가 없다. 그조차 연탄이 대중화되면서는 더욱 쓸모없게 됐다. 그러니 조상님 묘나 지키면서 1년에 한두 차례 성묘 오는 후손들에게 그늘 만들어주는 역할을 갖게 됐다. 우리네도 그랬다. 잘 사는 집에서는 일찍부터 버터 냄새가 났다. 하지만 조금 어려운 집 부뚜막에선 아주 오랫동안 은은히 퍼지는 된장 냄새가 구수했다.

나는 화제를 돌려 한국에 대한 고려인들의 인식이 어떤지를 물었다. 다행스럽게도 대단히 긍정적이었다. 젊은 세대로 갈수록 고려인에 대한 자부심이 크다고 했다. 그 이유는 한국이란 국가 브랜드 효과 때문이고, 〈대장금〉같은 드라마나 K-pop 열풍이 그런 결과를 만들어냈다고 설명했다.

"하지만 한국을 다녀온 사람들의 인식은 좀 달라요. 많은 사람이 실망했다고 들었어요. 제 동생의 경우는 좋은 사장님 만나 아주 만족한 한국 생활을 하고 있지만 한국에서 일하는 상당수 고려인은 실망감이 몹시 크다고 들었어요."

이 알렉산드리아 씨는 그런 실망감의 가장 대표적인 사례가 인격적 모독이라고 했다. '우즈베크 애들보다도 한국말을 더 못하니 너 고려인 진짜 맞아?' '아버지한테 그 따위로 배

왔느냐? 예의가 없다'는 등의 역차별로 마음고생 하는 노동자들이 많다는 얘기였다. 그리고 또 '저 애들은 외국인이잖아. 힘든 일은 차라리 우리가 하자'는 식으로 필요할 때만 같은 민족을 찾고 보수나 복지 등에선 조금의 우대도 없어 '고려인인 게 때론 손해'라는 인식이 커져가고 있어 걱정이라고 덧붙였다.

"어느 나라나 다 마찬가지겠지만 우즈베키스탄도 외국 취업의 가장 중요한 조건 중 하나로 그 나라 관습을 잘 인지하고 있는지를 따집니다. 그러다 보니 아무래도 고려인들이 유리하죠. 또 한국에서 고용허가제가 시작됐을 때도 고려인을 반긴 걸로 알고 있습니다. 한국말도 낫고, 한국에 대한 애정도 남달랐을 테니까요. 그런데 그 뒤 고려인들이 터잡아놓을 자리를 노동력 싼 다른 사람들로 채우면서 실망감도 싹트지 않았겠나, 그렇게 생각하고 있습니다."

그의 이야기를 들으면서 문장군蚊將軍을 생각했다. 문장군은 최제우 대신사의 《용담유사》〈흥비가〉 편에 담겨있다. 흥비가는 수운 대신사가 순도 1년 전인 1863년(철종 14년) 한글 가사체를 빌려 동학 교리를 이해하기 쉽게 설명한 글로, 여기서 나오는 문장군의 속뜻은 '모기'다.

말하자면 〈별주부전〉에서 토끼에 벼슬을 입혀 의인화했듯 모기를 의인화해 일갈했다.

> "이내 사람 지각 없다. 포식양거 되었으니 문장군이
> 너 아니냐"

여기서 포식양거飽食揚去는 배부르면 날아가버리는 '먹튀'다. 즉 도道는 안중에도 없이 동학을 이용해 자기 이익만 챙긴 뒤 달아나는 '나쁜 동학도'를 모기에 빗대 꾸중한 것이었다.

그런데 문장군이 어디 '나쁜 동학도'뿐이겠는가? 이 알렉산드리아 씨의 말대로 '문장군 사장님'도 있고, '문장군 공무원'도 있고, '문장군 위정자'도 많은 터라 갈수록 세상이 혼탁해지고 있다. 호텔로 돌아오는 길 그 점이 걱정돼 모처럼 맛있게 먹은 샤슬릭 입맛조차 씁쓸했다. 특히 몇몇 동학 내 문장군 모습들까지 겹쳐 그 씁쓸함이 더욱 컸다.

땅에서 하늘로 비추는 빛

잘 자고 일어나니 2월 아침이었다. 앞서가던 일행 한 사람이 두 달째 우즈베키스탄을 여행 중이라고 해서 웃었다. 1월 29일 도착해 30일 하루 동안 히바를 관광하고 31일 이곳 부하라에 도착했으니 어느덧 4일째다.

"안녕히 주무셨습니까? 오늘은 부하라의 모든 관광지를 둘러볼 예정입니다. 마침 날씨가 어제보다도 많이 풀려 한낮에는 아주 따뜻할 것 같습니다. 하긴 2월이면 이제 봄이 시작되는 절기입니다. 여러분과 새로운 한 달을 이곳 부하라에서 맞게 돼 진심으로 기쁩니다."

가이드는 출발 전 아침 인사를 하며 이 지역의 자부심을 나타내는 속담 하나부터 소개했다. '다른 도시들의 빛은 하늘에서 땅으로 비추지만 부하라 빛은 땅에서 하늘로 비춘다'는 다소 엉뚱한 얘기였다.

"부하라의 도시 역사는 2,500년 이상입니다. 그러다 보니 많은 도시가 이곳에 들어섰다 사라지곤 했습니다. 고고학자들이 부하라를 발굴 조사해보니 부하라는 실제로 20m에 달하는 중층적 유적군을 이루고 있어 많이 놀랐다고들 합니다. 즉 일반적으로는 도시의 주인이 바뀌면 옛 건물을 부수고 새로운 건물을 세우게 마련입니다. 그런데 부하라는 예전 도시 위에 새 건물을 세우는 방식으로 도시 역사를 이어가 유적군의 최하단엔 기원전 4세기부터 기원후 4세기까지의 고대 문화층이 그대로 보존돼있더라는 이야기입니다. 그리고 맨 위층에는 7세기부터 17세기까지의 중세 유적들이 보존돼있어 세계적으로도 유례가 드문 형태라고 평가받고 있습니다. 따라서 지표면 아래의 역사 문화적 가치가 그만큼 크다는 것을 빗대 문장가들이 '부하라의 빛은 땅에서 하늘로 비춘다'는 표현을 만들었던 것 같습니다."

 가이드는 도시별 자부심을 특별하게 외워둔 것 같다. 히바에서는 호라즘 문명에 대한 히바만의 자부심을 강조했다. 그리고 오늘 아침 부하라 여정을 앞두고는 이 도시만의 자부심을 앞세운다. 다음 여정지인 사마르칸트에서는 또 그 도시만의 어떤 자부심을 펼쳐낼지 궁금했다.

부하라의 대표적 관광 명소 중 하나인 아르크 고성 모습. 안타깝게도 러시아혁명 시기 고성의 상당 부분이 파괴돼 현재는 800m쯤의 성곽 둘레만 남아있다. 성내에는 구석기시대의 유물들을 전시한 작은 규모의 역사박물관이 있다.

오늘 여정의 첫 순서는 아르크Ark 고성古城부터였다. 아르크는 '요새'라는 뜻이라고 했다. 기원전 9세기부터 하나둘 벽돌을 쌓기 시작해 기원후 9세기쯤 요새로서의 면모를 갖췄다고 하니 그 역사가 제법 유구했다. 말하자면 땅에서 하늘로 비춘 대표적인 빛 가운데 하나였다. 그렇다 보니 부하라를 찾는 많은 외국 관광객이 이곳부터 들러본다.

그러나 안타까운 것은 러시아혁명 시기 고성의 상당 부분이 파괴돼 현재는 800m쯤의 성곽 둘레만 남아있다. 성내 박물관에 전시된 구석기 유물들과 이 도시를 거쳐갔던 실크로드 상인들의 유품들만이 지난 세월을 증언할 뿐 오랜 세월 이 고성을 거쳐갔을 왕과 제후들의 흔적은 역사의 뒤안길로 해체됐다.

이어 들른 곳은 이스마일 샤마니Ismail Samani 영묘였다. 9세기 말 부하라를 점령한 이스마일 샤마니가 부친을 위해 조성했다고 한다. 그러나 지금은 이스마일 샤마니와 그의 후손들도 묻혀 왕족 묘역이 됐다. 892년부터 943년에 걸쳐 조성됐다고 하니 이 역시 1,000년 전 문화유산 중의 하나였다.

"어제 말씀드렸던 것처럼 부하라를 점령한 칭기즈칸은 도시 대부분을 파괴했습니다. 그 가운데 살아남은 것이 어제 보신 칼란 미나레트고, 다른 하나가 바로 이 영묘입니다. 그런데 한 가지 재미있는 것은 첨탑은 영험한 기운으로 하늘로 치솟아 살아남았고, 이 영묘는 땅으로 묻혀 살아남았다는 사실입니다. 칭기즈칸이 부하라를 점령했을 당시 이 영묘는 땅속에 묻혀있었다고 합니다. 그러던 것을 1925년 구소련의 고고학자들이 발굴해 오늘로 이어지게 됐습니다."

가이드는 영묘가 낙타 젖으로 반죽해 구운 벽돌로 지어졌고, 중앙아시아에서 가장 오래된 이슬람 건축물이라고 소개했다. 또 건축미에 반한 미국이 2차 세계대전 당시 소련에 비용을 지불하고 이 건물을 미국으로 옮겨가겠다고 했지만 거절당했다는 일화도 소개했다.

이야기를 듣고 보니 참 아름다운 건축물이었다. 벽돌을 엇갈아가며 쌓아 만든 무늬가 일품이고, 네 개의 격자무늬 창을 통해 들어오는 빛으로 때론 황금빛 실내 분위기를, 때론 갈색 색조를 연출하는 독창미가 뛰어났다.

영묘의 아름다움에 빠져있다가 순간 천도교 중앙대교당이 생각났다. 그러고 보니 중앙대교당의 역사도 어느덧 100년에 이르렀다. 1921년 2월 준공 당시 명동성당, 조선총독부 건물과 함께 서울의 3대 건물로 꼽혔던 중앙대교당은 항일운동의 거점으로 유명했다.

또 방정환 선생이 펼쳤던 어린이 운동의 산실이었으며, 매주 시일식을 통해 수많은 천도교도가 대신사의 가르침을 받은 영적 공간이기도 했다. 건축미 또한 자부할 만큼 아름답다. 게다가 건립 당시 300만 명의 천도교인들이 가구당 10원씩의 성금을 내서 지금 돈 150억 원쯤에 해당하는 22만 원을 들여 건축하며, 나머지는 은밀히 독립운동 자금으로 보탰다는 스토리텔링까지 완벽했다.

한국을 찾는 외국 관광객들에게 대교당을 지금보다 훨씬 더 적극적으로 홍보하라고 서울시에 권해야겠다 생각했다. 중앙대교당은 서울시가 유형문화재 36호로 지정한 곳이기도 하다. 그래놓고도 그저 손 놓고 있는 그들이 답답했다.

"아까 듣자니 이곳 사람들 사이에는 숨을 참아가며 이 영묘를 두 바퀴 돈 뒤 소원을 빌면 그 소원이 이뤄진다는 이야기가 있다 하더구먼. 일암, 우리도 숨 참아가며 두 바퀴 돈 다음 동학 천도교의 중흥 한 번 빌어볼까요?"

나의 갑작스러운 농담에 일암 내외가 활짝 웃었다. 아마 그들 역시 나와 비슷한 상념으로 부하라의 이곳저곳을 들여다보리라 생각했다. 일암은 특히 미대를 졸업한 뒤 한국 최고의 광고 회사에서 일했던 사람이라 미적 감각이 탁월했다. 지금도 그가 찍는 사진엔 혼이 살아있다는 칭찬이 자자했다. 그런 만큼 이번 여행에서 얻은 영감을 동학 천도교의 앞날에 어떻게 반영할까 이심전심으로 깊이 고민하고 있을 일암 내외의 표정이 밝아 나 또한 유쾌했다.

유적지를 거닐며 아내를 생각하다

유적지를 돌던 버스가 잠시 멈춰 섰다. 한 쌍의 신혼부부가 긴 드레스를 추스르며 조심조심 횡단보도를 건너갔다. 일행들은 일제히 창밖을 내다봤다. 고색창연한 도시 풍경과 화창한 햇살이 신부의 하얀 드레스와 너무 잘 어울렸다. 이럴 때 상투적으로 쓰는 말이 있다. 영화의 한 장면 같다는, 혹은 지상으로 내려온 천사 모습 같다는.

"우즈베키스탄에서는 지금 보시는 것처럼 결혼을 앞두고 위인들의 동상이나 흔적을 찾아 웨딩 촬영을 하는 예식 문화가 있습니다. 앞으로 낳을 2세가 훌륭한 사람으로 태어나기

우즈베키스탄에서는 요즘 결혼식을 앞두고 유적지를 찾아 위인 동상 앞에서 웨딩 사진을 찍는 문화가 유행이다. 곧 태어날 2세가 모든 사람으로부터 존경받는 위인을 닮아 훌륭하게 자라기를 바라는 마음 때문이다.

를 바라는 소망 때문입니다. 참고로 부하라는 세계사적으로도 위대한 인물을 많이 배출한 곳입니다. 특히 이슬람교를 창시한 무함마드의 언행을 기록해 '성훈집록'을 펴낸 이맘 부하리와 유럽 현대 의학의 아버지로 불리는 이븐 시나 같은 분들이 부하라 출신의 대표적인 위인들입니다."

가이드의 안내를 듣는 둥 마는 둥 버스 안은 잠시 왁자지

우암 김명진 종법사님의 주례로 결혼식을 올렸다. 종법사님께서는 주례사를 통해 해월신사님의 말씀을 빌어 '내외가 화순(和順)하면 천지가 안락하고 부모도 기뻐한다'고 하셨다. 하지만 때론 그 말씀대로 살지 못해 죄송할 따름이다.

껄했다.

"나도 저런 시절이 있었지. 에고 좋은 시절 다 갔어."

뒷자리에 앉은 아주머니 한 분이 창밖을 바라보며 나직한 탄성과 탄식을 동시에 내뱉었다.

"나는 드라마 찍는 줄 알았구먼. 우즈베키스탄 여성들은 어떻게 된 건지 저렇게 하나 같이 예뻐 보기 좋구먼. 오늘 저

신부는 특히 더 예쁜 거 같아. 그렇지 않남?"

찬탄은 앞자리의 중년 남자들 사이에서도 이어졌다.

"아 왜 밭 가는 김태희, 목화 따는 전지현이라는 말도 있잖아? 내가 우즈베키스탄 여행 간다고 하니까 다들 그 얘기부터 하더구먼. 하하!"

그의 친구가 너스레를 떨며 창밖으로 눈동자를 고스란히 박았다.

그런저런 소란 속에서 잠시 아내를 떠올렸다. 고마운 사람. 가진 것 없고 보잘것없는 내게 시집와서 평생을 고생만 한 사람. 경상도 무뚝뚝이를 대신해 아들딸 둘을 살갑게 잘 키운 사람. 1992년 입교 이래 마음에 참도道를 모시며 오랫동안 '실천하는 내수도'로 살아온 사람.

우리 시절은 모두가 가난했다. 결혼 예식 치르는 것조차 버겁던 시절이다. 신혼여행은 가까운 온천 한 곳 찾아 발 담그고 오는 게 전부였다. 혹은 그조차 사치였다. 나 역시 그랬다. 결혼 자금 정도는 모았었다. 그러나 믿었던 선배가 상처를 줬다. 빈털터리로 다시 시작하자 마음먹던 시절, 친척 소개로

'남자답게 사는 남자가 나의 이상형이다. 남자란 본디 있을 땐 있고, 없을 땐 없는 남자가 대장부 남자'라고 당당하게 말하던 아내를 알게 됐다. 내 나이 스물여덟, 아내는 스물한 살의 충남 홍성 처자였다.

창밖의 커플처럼 웨딩 촬영 같은 건 상상하지도 못했던 시절. 어머니를 일찍 여읜 아내와 스물넷에 아버지를 떠나보낸 나는 예식 일체를 우리 힘으로 치르자고 의기투합했다. 우선 허름한 단칸방부터 얻었다. 그리곤 50석 규모의 예식장을 예약하고 피로연조차 생략하되 주례만큼은 진정한 스승을 모시기로 계획했다. 게다가 당시로써는 파격적인 '신랑 신부 동시 입장'을 주장하니 장인은 섭섭한 나머지 돌아앉아 괘씸한 눈으로 바라봤다.

'선생님, 저 범두입니다. 제가 백년가약을 맺게 됐습니다. 어릴 때부터 제게 많은 가르침을 주셨던 어르신께서 항상 범두 주례만큼은 내가 설 것이라고 하셨던 말씀, 잊지 않고 있습니다. 4월 5일 천일기념식天日記念式에 올라오시리라 사료되어 하루 전날을 예식일로 잡았으니 부디 좋은 말씀으로 저희

부부의 앞날을 축복해주시면 감사하겠습니다.'

모든 예식 계획을 잡자 나는 남해에 계신 우암愚菴 김명진 종법사님께 주례를 부탁하는 편지부터 올렸다. 우암은 남해 천도교의 중흥을 이끌었던 참어른이었다. 그리고 남해 교육의 산실 해성학원을 설립한 참교육자이기도 했다.

1990년 84세의 일기로 환원했을 때 많은 언론이 별세 소식을 알리면서 '1940년대에 항일투쟁을 하다 옥고를 치르기도 했던 김 종법사는 1946년 남해중학교를 설립, 초대 교장을 지냈고, 천도교의 중앙총부 종무원장(1967년)과 교령(1976년)을 역임했으며, 천도교 최고 예우직인 종법사 호칭을 받았다'(9월 14일 자)고 소개했다.

4월 5일 천일기념일은 수운 최제우 대신사께서 1860년 천도교를 창시한 날로 천도교 최대 경축일이다. 따라서 우암 종법사께서 매년 이날만큼은 기념식 참석을 위해 상경하신다는 것을 잘 알고 있었다.

그래서 꾀를 냈다. 다른 날로 잡자니 여비 봉투라도 준비해야 했다. 하지만 그럴 여유조차 없었다. 궁즉통窮則通이라

했던가. 우리 부부의 꾀는 적중했다. 결혼식 당일 나는 '왕후의 밥, 걸인의 찬'이란 말을 생각했다. 우암 선생님의 주례와 동시 입장은 '왕후의 밥'에 해당했다. 반면 허름한 단칸방과 볼품없는 예식장과 피로연조차 생략한 약식 절차는 어쩔 수 없는 '걸인의 찬'이었다.

"해월 신사께서는 이렇게 말씀하셨습니다. 내외가 화순和順하면 천지가 안락하고 부모도 기뻐하며, 내외가 불화하면 한울이 크게 싫어하고 부모가 노하나니 부모의 진노는 곧 천지의 진노이니라. 천지가 편안하고 즐거워하는 미묘한 것은 보기 어려우나 진노하는 형상은 당장에 보기 쉬우니 크게 두렵고 두렵도. 부부가 화순하면 한울이 반드시 감응하여 1년 360일을 하루아침 같이 지내리라. (…) 오늘 백년가약을 맺는 신랑 신부도 해월 신사님의 이 말씀을 잘 기억해 진정으로 백년해로하길 바라마지 않습니다."

1982년이었으니 이 또한 어느덧 36년 전의 일이 됐다. 아내는 기회 있을 때마다 종종 우암 종법사님의 주례사를 밥상 위에 올려놓곤 했다. 그럴 때마다 나는 머쓱했다. 말씀처럼 살았는가? 그렇지 못할 때가 많았던 기억이다. 웨딩드레스를 입었던 아내도 참 예뻤는데…. 36년 전 어느 봄날의 흑백사진을 떠올렸다. 그러면서 종종걸음으로 사라져가는 창밖의 아름다운 신혼부부 한 쌍을 향해 영원한 축복 있으리라, 마음속 깊이 염원했다.

'최고'와 '최초'에 대한 부하라 단상

점심시간, 마침 옆자리에 앉은 가이드로부터 우즈베키스탄 속담 하나를 배웠다. '논 함 논, 우보기 함 논Non ham non, uvog'i ham non'이란 속담인데, '논 한 마지기 논, 우 서방네 한 마지기 논'이라고 연상하니 그럭저럭 외워졌다. '빵도 빵이고, 빵 부스러기도 빵'이라는 뜻의 이 속담은 먹는 것에 대한 소중함을 일깨우는 말이었다. 즉 빵 부스러기 하나까지도 귀중히 여겨야 한다는 것을 가르친 이 속담은 가난한 시절을 거친 우리에게도 매우 익숙한 교훈이다.

이 나라 식단의 기본은 빵이다. '논non'이라고도 부르고 '리뾰쉬카lepyoshka'라고도 부르는 이 전통 빵은 보기보다 식감이 좋다. 특히 방금 화덕에서 꺼낸 빵을 이 나라 요구르트에 발라먹으면 쫀득쫀득한 맛이 혀를 감싸며 여타 식욕까지 돋워낸다.

하지만 어떤 빵은 그조차 짜다. 아마 사막길 따라 멀리 떠나는 어머니가 아들에게 싸준 빵도 많이 짰으리라. 더운 날씨 속에서 빵이 상하지 않도록 하는 방법은 그 수밖에 없었을 터. 그 손끝 맛이 이어진 '짠맛 전통'이라 생각하니 음식 갖고 투덜댄 내가 옹졸했다.

빵 대신 밥을 좋아하는 한국 관광객들에게는 '오쉬'라고도 불리고, '쁠롭'으로도 불리는 일종의 볶음밥이 인기다. 오쉬는 '까잔'이라는 큰 솥에 쌀과 소나 양고기, 당근, 그리고 콩과 마늘 등을 버무려넣고 기름에 볶아 만드는 음식이다. 이 역시 우즈베키스탄의 대표 음식으로, 아마 중앙아시아로 이주한 고려인들이 쌀을 대량으로 생산하면서 정착된 식단 아닐까 추측했다.

우즈베키스탄에서는 결혼식이나 생일 같은 특별한 날엔 반드시 오쉬를 만들어 상 위에 올리고, 반가운 손님을 맞을 때도 반드시 오쉬를 만들어 대접한다고 한다. 그만큼 특별한 음식이다. 쌀이 귀했던 나라이니 밥을 대접한다는 것은 귀한 상차림에나 가능했을 것이었다. 그나저나 우즈베키스탄 여러 도시 중에서도 사마르칸트 오쉬가 최고라 하니 내일 그곳에 도착해서 맛볼 오쉬가 기대됐다.

점심을 마친 뒤 오후 일정에 나섰다가 요란한 악기 소리에 놀라 발길을 멈췄다. 건물 입구를 배경으로 양옆으로 늘어선 거리 악단이 이 나라 전통 곡을 연주했다. 아마 특별한 행사가 열리는 모양이었다. 잠시 뒤 버스에 오르자 가이드가 마이크를 잡고 우즈베키스탄의 전통 악기들에 대해 자세히 설명했다.

"조금 전 보신 모습은 중국 경제 사절단이 부하라와 경제 협력을 위해 마련한 행사라고 합니다. 우즈베키스탄에서는 귀한 손님을 환영할 때는 저렇게 전통 악단이 나와 분위기를 돋워줍니다. 지금 저분들이 연주하는 악기는 '카르나이'와 '수

르나이' '도이라'라는 악기인데요, 셋은 꼭 바늘과 실처럼 붙어 다니며 연주를 하게 됩니다."

가이드는 전통 악기에 대한 상식도 제법 많이 알고 있었다. 그는 그중 '카르나이'라는 악기가 가장 큰데 길이가 2m가량이며 재질은 구리나 동이라고 했다. 그러면서 중세 전쟁 때는 이 악기가 아주 중요한 역할을 했다고 덧붙였다.

나팔 모양의 큰 악기를 통해 전투 개시를 알리는 신호로도 쓰였고, 병사들의 사기를 북돋는 데도 이 악기가 유용했다고 덧붙였다. 그리고 '수르나이'는 나무로 만든 목관악기로 멜로디를 담당하며, '도이라'는 양손으로 악기를 잡고 손가락을 두드려가며 소리를 내는 탬버린 같은 악기였다.

어느덧 부하라 여정도 마무리로 향해 갔다. 하루 일정으로는 부족한 곳이었다. 2,500년 도시 역사를 찬찬히 살피려면 족히 일주일은 필요했다. 실크로드 거상들의 숙소로 쓰였다는 '라비 하우스'며, 얼어붙은 연못의 풍치가 인상적이었던 '바라 하우스 모스크'며, 구소련 시절 중앙아시아에서 유일하게 문을 열었다는 '미르 아랍 메드레세'며, 그리고 낙타가 드나들 수 있도록 만들었다는 높은 출입문이 특히 인상에 남는 '타키'라는 이름의 시장 풍경 등 봐야 할 곳과 느껴야 할 곳과 알아야 할 곳들을 대략 훑기만 했다는 아쉬움이 컸다.

"사마르칸트에 가시면 울루그벡이란 이름을 많이 듣게 될 겁니다. 한국의 세종대왕과 곧잘 비견되는 분인데요, 천문학에도 조예가 깊었던 인문적인 통치자였습니다. 여러분께서 지금 보고 계신 이 메드레세는 울루그벡이라고 이름 붙은 우즈베키스탄의 3대 메드레세 중 한 곳입니다. 1471년 울루그벡의 지시로 지어진 건축물로 중앙아시아에서 가장 오래된 신학교라 이 지역 시민들의 자부심이 큰 명소라고 기억해두시기 바랍니다."

가이드는 울루그벡 메드레세의 역사를 설명하며 '중앙아시아에서 가장 오래된 신학교'라는 점을 강조했다. 가이드는 어제도 칼란 모스크를 소개하며 '중앙아시아 최대 규모'라는 말을 반복했다. 그것 말고도 부하라에는 역사의 첫 장을 여는 유적지들이 즐비하다고 강조했다.

이렇듯 '최초'와 '최고'와 '최대'는 가장 좋은 브랜드 가치다. 동학 천도교 역시 한국에서 가장 오래된 민족 종교다. 그리고 국난 때마다 목숨 바친 대표 종교다. 하지만 천도교는 이를 널리 알리는 데 지나치게 겸손했다. 그러다 보니 언제부턴가 젊은 사람들이 거리를 두기 시작했다. 이제부터라도 더 적극적인 포덕 방법을 찾아야 할 것 같다. 마침 내년이면 3·1운동 100주년이자 임시정부 수립 100주년이다.

하루 일정을 마치고 호텔로 돌아가는 길 백범 선생의 말씀을 다시 떠올렸다. '천도교가 아니었다면 3·1운동이 없었을 테고, 3·1운동이 없었다면 대한민국 임시정부가 없었을 테며, 대한민국 임시정부가 없었다면 대한민국도 없었을 것"이라 말씀했던.

단절된 중앙아시아 동학 물길

원동 땅 불술기에 실려서

카작스탄 중아시아 러시아

뿔뿔이 흩어져 살아가도

우리는 한 가족 고려 사람

아리랑 아리랑 아라리요

아리랑 아리랑 고려아리랑

중앙아시아 고려인들이 자주 부르는 '고려아리랑' 1절 가사다. 노랫말 맨 처음의 '원동遠東 땅'은 연해주다. 머나먼 극동 지역이라 그곳을 원동 땅이라 불렀던 모양이다. 그리고 이어 나오는 '불술기'는 기차라는 뜻의 함경도 방언이다. 연해주 이주민 중에는 함경도 사람이 많았다. 그래서 기차라는 말보다 '불술기'라는 말이 더 익숙했던 모양이다.

또 노랫말 둘째 줄의 '카작스탄'은 카자흐스탄이고, '중아시아'는 중앙아시아다. 1937년 스탈린에 의해 강제 이주된 뒤 카자흐스탄과 러시아, 우즈베키스탄 등으로 흩어진 고려인들의 애환이 깃든 내용이라 가사만으로도 그들의 수난사가 이해된다.

부하라 관광을 마친 뒤 일암과 함께 최 잔나 씨를 만났다. 어제 만난 이 알렉산드리아의 어머니 세대로 아내와 1957년생 동갑내기였다. 하지만 아내보다 대여섯 살쯤은 위로 보여 처음엔 내 또래로 착각했다.

그녀와의 만남을 주선한 세라 엄마는 그녀가 자신의 친정어머니와 부하라에서 같이 식당 일을 하는 고려인이라고 소개했다. 그러면서 딸을 한국으로 시집보냈다는 이유 하나만으로 친정어머니를 가족처럼 생각하는 사람이라고 덧붙였다.

세라 엄마는 우즈베키스탄 출신의 결혼 이주 여성이다. 동학 민족통일회가 주최했던 '다문화가족을 위한 2017 인성 교육 프로그램'에 참가해 처음 인연을 맺은 세 아이의 엄마였다.

사실 최 잔나 씨로부터 정작 듣고 싶었던 이야기는 못 들었다. 어쩌면 이후 만날 사람들도 마찬가지겠다고 단정했다. '동학 천도교를 들어보셨습니까?' 이제 이런 질문은 그만하는 게 맞겠다고 생각했다. 강제 이주 고려인들의 고달픔과 스탈린의 잔혹성과 종교 말살 정책을 폈던 사회주의 무신론자들의 사고방식을 간과한 채 던진 질문이라 부끄럽기도 했다.

최 잔나 씨는 부모님이 가장 즐겨 불렀던 노래가 '아리랑'이었다고 기억했다. 밭에서 일할 때도, 집안일을 살필 때도, 다른 고려인들과 어울릴 때도, 좋은 일이 있을 때도, 슬픈 일이 있을 때도 부모님은 '아리랑' 가락을 놓지 않았다고 회고했다. 그러면서 그녀는 우연한 기회에 '고려아리랑'을 듣고, 잊고 살았던 그 노래를 다시 떠올리게 됐다고 좋아했다.

그녀는 아버지가 증조할아버지한테 직접 들은 이야기라며 중앙아시아로 강제 이주되던 시기의 흑역사 한 토막을 소개했다. 어느 날 넋두리하듯 늘어놓은 할아버지의 이야기를 그 아버지가 다시 자식들에게 구전한 이들의 가족사엔 시천주侍天主도 없고, 사인여천事人如天도 없고, 인내천人乃天도 없고, 오직 인간의 사악함만 굴곡져 있어 듣기조차 불편했다.

1937년 중일전쟁으로 만주 전역이 일제의 손아귀에 들어갔다. 이에 놀란 스탈린이 만주 지척인 연해주의 통치권을 강화했다. 그리곤 고려인들이 일본 제국주의 편에 설 수 있다고 오판해 고려인의 중앙아시아 강제 이주를 명령했다. 그 명령서 한 장으로 17만여 명의 고려인들이 6,000km 너머 중앙아시아로 흩어졌다. 최 잔나 씨의 증조부모와 할아버지도 그중 하나였다. 그녀의 증조할아버지가 아버지에게 들려줬다는 잔혹사는 이렇게 시작됐다.

'스탈린이 얼마나 악랄한 짓을 했는지 알아둬야 한다. 우리가 그 모진 고생해가면서 원동 땅에 일궈놓은 걸 다 빼앗아갔다. 갑자기 다 쓸어냈다. 갑작스레 들이닥친 스탈린 패거리들이 우리를 기차역으로 다 몰아대더니 불술기에 태워 어디로 가는지도, 왜 가는지도 모른 채 그냥 허허벌판만 보이는 데로 한 달을 달려 여기다 내려놓은 거다. 네 아버지가 열두 살이었고, 네 고모들이 아홉 살, 여섯 살 때였다. 여기까지 오면서 사람 죽어가는 거 많이 봤다. 불술기가 우수리스크로 해서, 하바롭스크로 해서, 이르쿠츠크로 해서, 노보시비리스크 해서 중앙아시아로 흘러들었는데 이르쿠츠크부터는 거의 매번 역에 섰다. 죽은 사람 내려놓고 가는 게 일이었다. 아이들도 죽어갔고, 노인네들도 죽어갔고, 그때마다 거적때기 한 장 덮어놓고는 그냥 또 출발했다. 나중엔 울 기운도 없었다. 어떡하든지 살아남아야 한다는 생각만 갖고 여기까지 온 게 벌써 30년도 더 됐구나. 그 지난했던 세월 어쨌든 살아남은 게 신기할 뿐이다.'

모진 고난 이기고 일어선 고려인들

진펄도 갈밭도 소금밭도
땀 흘려 일구니 푸른 옥토

모진 고난 이기고 일어서니

우리는 한 민족 고려 사람

아리랑 아리랑 아라리요

아리랑 아리랑 고려아리랑

'고려아리랑' 2절은 중앙아시아에 도착한 그들의 맨땅 개척사다. 노랫말에 나오는 '진펄'은 '땅이 몹시 질어 질퍽한 벌'이다. 북한 사람들은 '헤쳐나가기 어려운 조건이나 환경'을 빗댈 때도 이 말을 쓴다. 이어 나오는 '갈밭'은 갈대밭이다. 그리고 소금밭은 염분이 많은 아랄해 인근의 척박한 땅을 일컫는 것 같다.

최 잔나 씨가 들려준 대로 고려인 1세대들이 사선을 넘어 도착한 곳은 이렇듯 황량한 땅이었다. 그러나 그들이 누구인가? 조선 말 가난과 폭정을 피해 국경을 넘었고, 타지의 버려진 땅을 개간해 신한촌을 만들었던 사람들 아니던가. 노래 가사처럼 그들은 다시 피땀을 흘려가며 누구도 손대지 못했던 박토를 푸른 옥토로 바꿔놓았다.

'진펄도 갈밭도 소금밭도 땀 흘려 일구니 푸른 옥토. 모진 고난 이기고 일어서니 우리는 한 민족 고려 사람'이라는 '고려아리랑' 노랫말대로 중앙아시아 이주 고려인 1세대들이 황무지를 개척한 땅에서 감자를 수확하고 있다. ⓒ고려인연구가 김병학.

    사실 스탈린의 잔악함을 최 잔나 씨의 이야기로 처음 안 건 아니었다. 여행 떠나오기 전 여러 자료를 통해 그들의 강제 이주사를 두루두루 살폈었다. 마침 중앙아시아 정주 80주년을 맞아 2017년 한 해 동안 여러 특집 프로그램들이 방송됐다. 그중 KBS가 3부작으로 방송했던 〈샤샤의 아리랑〉은 고려인 수난사를 생생하게 증언해 많은 사람에게 감동을 줬던 프로그램이다.

그 밖에도 경상북도가 2013년 제작했던 《뜨락또르와 카츄사들》도 그들의 아픔을 이해하는 데 많이 도움 됐다. '경상북도의 혼을 찾아 떠나는 신실크로드-해외 동포 정체성 찾기 사업'의 일환으로 2013년 5월 우즈베키스탄 현지답사를 통해 제작했다는 이 구술 채록집에도 그들의 '진펄, 갈밭 개척사'와 '모진 고난 이기고 일어섰던' 중앙아시아 초창기 정주사가 생생하게 담겨있다. 그 책자 속 사연들과 오늘 만난 최잔나 씨의 이야기가 맞물리며 '고려아리랑'의 노랫말이 더욱 애틋하게 느껴졌다.

처음 여기에 왔을 때는 땅속에 있는 굴 같이 생긴 것이 있었고 고려인들이 그 굴을 '깔두막'이라고 불렀습니다. 거기서 살다가 1940년에 개간하기 시작하여 벼농사를 했습니다. 갈대를 일구는 게 여간 힘든 일이 아니었습니다. 농기계가 없었고 공구도 대장간에 가서 사람들이 알아서 맞췄습니다.

힘이 좋은 사람은 더 큰 곡괭이를 만들기도 했지요. 마을에서 21명의 사회주의 노동 영웅이 나왔는데 1951년에서 1953년 사이입니다. 주로 재배한 것이 닥나무, 목화, 벼였습니다. (중략)

설, 노동절, 5월 단오 같은 행사에 마을 사람들이 적극적으로 참여했습니다. 명절이나 행사 날에 음식이 그리 다양하지는 못했지요. 집에 맷돌이라는 게 있었고, 그 맷돌로 두부를 만들었습니다. 그 외에도 김치, 된장찌개 같은 음식을 만들었습니다. 이웃 사람들끼리 모여서 했지요. (중략)

1950년대에는 마을에 3,000명 정도가 살았는데 지금은 다들 타지로 빠져나가고 2,000명 정도 남았습니다. 예전엔 90% 이상이 고려인이었지만 요즘은 많이 줄어서 60% 정도지요. 그래도 타슈켄트 주에 남아있는 마을 중에 가장 큰 고려인마을입니다. 학교도 1950년대에는 학생이 1,500명이나 됐습니다.

저도 옛날엔 학교장으로 일했지요. 90% 이상이 고려인 학생이었는데 요즘은 15~20%에 불과합니다. 고려인들이 빠져나간 집에 우즈베크인 또는 카자흐인들이 들어와서 삽니다.

일자리가 부족하니 젊은 사람들은 여기에 안 있으려고 하고, 나이 많은 분들은 점점 돌아가시니까 사람이 없죠. (최 게오르기 씨, 고려인 2세, 1948년생)

우즈벡스딴(우즈베키스탄) 올 적에, 우리네 식구란 게, 아버지는 나 세 살에 상세나서(돌아가셔서) 내 아버지를 모르오. 어마이 혼자 이 일 저 일 하면서 보냈지. 나를 맥이고, 글을 읽힌다고서리 어마이 고생했지. 기래 어마이 있고 누이 둘이 있었어. 그래 너이(넷이) 들어왔어. 꼴호즈 까자린스크 시라고 있었어. 거기로 들어왔지.

첫깐에(처음에) 우리만 고생한 게 아니라 원동서 들어온 사람 다 고생했어. 먹을 것도 없고, 바쁘고, 집도 마음대로 없지 뭐, 그래 고려 사람들 구들 있어야 되니께 구들을 만들고 불 때매 동삼(겨울)을 낫지. 밭에랑 댕기면서리 무슨 밥이나 해도(하려고 해도) 쌀이 있어야 해지. 돌피라고 그런 풀이 있었어. 그걸 쪄서 쌀을 만들어서 먹고서 살았어. 그래 짐치(김치)라는 거는 저 여자들이 꼴호즈 땅 그런데 가서 이런 큰 배차뿌리

(배추 뿌리), 그거 빼서 그걸로 짐치랑 해먹으면서 우리 마을 그렇게 다 고상스레 살았지. (중략)

고려 사람들이 일 많이 했어. 잘했어. 모질게 했어. 우즈벡스딴 고려 사람들 들어와서부터 첫깐에 이게 저 깔밭일 때라. 깔이 여기서 자랐어. 그래 고려 사람들 들어와서 어거 싹 이렇게 모았지. 그전에 무슨 뜨락또르도 별로 없고, 이 포재질 하면서 깨디매(쇠스랑질) 하며 손으로 밭을 싹 일궈서 이래 살았지. 고려 사람들 일 모질게 했어.

꼴호즈 그렇게 일 잘하다난까니 께납우(케나프, 마삼) 심은 거 농사일 잘됐지. 목화 심은 거 농사일 잘됐지. 베를 심궈도 농사일 잘하지. 다른 거 무슨 이런 시시꺼브리한 거 채소 심궈도 무신 다다 잘돼. 그러다 보니 돈이 많케 돼. 돈이 많케 되니 저 꼴호즈들 싹 잘 살게 됐지. 그래 좋지 뭐. 좋았지. (중략)

그러면서 여그서 일 어떻게 잘하던지 기술이 (좋으니) 그래서 게로에(영웅)란 게, 쏘씨알리스트(사회주의 노동 영웅)란 게 여섯이 한 해 단판 나왔단 말이야. (중략)

까레이에서 올림피아드(올림픽)가 어느 해든가 했지. 그전엔 우리 유즈노 까레이(남한)에 대해서 잘 몰랐어. 그저 우리 쎄베르떼 까레이(북한) 기랬지. 그러던 게 올림피아드 고려서 하잖게? 그라고부터 소문이 났어. 그담에 한국에 사람들 이렇게 온 데를 다 꾸며서 여기 들어오니까네 여기 사는 고려 사람들 전부 살아나오.

정말 좋소. 여기 사는 고려 사람들 저 러시아나 까작스딴(카자흐스탄)에 가서 살더니 (이제) 싹 고려에 나가 벌어먹소. 젊은 사람들이 거반 싹 거가서 돈 벌어오오. 이렇게 (우리를) 싹 살게 만든단 말이야. 그래다노이 더 좋은 일이지. (현 쎄면, 고려인 1세, 1930년생)

원동 있을 때 일본들이 전장하매 감제굴에 들어가 있었다 하오. 우리 원동서는 조금 일없이 보냈습니다. (조금 사는 편이었습니다) 제비 마술기(말수레)도 있었습니다. 집도 부시기짱, 스딴쯔역에서 살았습니다. 우리 아버지 어디서 일한지는 모르겠습니다. 그땐 농사질도 하고 그렇게 살았습니다. 원동에서는 이런 방 안에다 옥수꾸(옥수수)랑 가득 넣고 부수우매, 마술기

타고 댕기매 농사 밭에도 댕기고, 그건 생각이 나지. 내 마술기에 앉아 댕기던 일은. 할머니도 고상 마이 했지. (중략)

내 열다섯 살 때부터 일했습니다. 밭에서 일했지. 여기 첫 깐에 벼를 싹 심었지. 그다음에 벼를 심다 목화를 심으고, 목화를 심으다 께납우를 심으고, 그다음에 또 목화로 넘어가고 이랬습니다. 일이사 농사짓는 사람이나 일하는 사람이나 힘이사 다 들지. 벼를 심은 데 지슴을 맸지. 풀을 뽑고 께납우 심어서 일이 바빴습니다. 낫으로 그거 빼는 일이 바빴습니다.

밭이라는 것도 조금 있었습니다. 그럼 거서 옥수꾸 심어서 뜯어서 먹고, 그다음에 여름에는 먹을 게 없으면 풀, 보채, 쑥 떡도 해먹고, 아이구 별난 거 다 먹었습니다. 난 고상 많이 했습니다. (중략)

내 어떻게 자랐는지 알아서 뭐하겠소. 난 이런 말 자슥(자식)들과도 아이 합니다. 한마디도, 한마디도, 우리 아들(애들)이 하나도 모릅니다. 내 어떻게 자란 거, 난 암말도 자슥들과 아이 말합니다. 야들 모릅니다. 내 어떻게 자랐는지 몰라요. 거 알아서 뭐하겠소. 아이 물어봅니다. 그거 무슨 말할 게 있습니까. 가들이 무슨 신발이 없이 자랐나, 오티(옷이) 없이 자랐나, 말해도 모릅니다. 곧이 아니 듣습니다. 밥 못 먹고, 못 입고 자란 거 말해도 고저 시장(요즘) 아들이(애들이)… 어이구, 모릅니까? 시장 아들 사는 거? 말하면 웃습니다. 내 바뻐 살다나이 가들도 내 일 알지 말라, 난 말 아니합니다. 말해서 거 뭘 하겠습니까? (박 알렉산드로, 고려인 1세, 1930년생)

큰 고통 속에서도 '겨레얼' 지킨 고려인들

아버님 남기신 선조의 얼

어머님 물려준 조상의 말

가꾸고 다듬고 지키리라

우리는 한겨레 고려 사람

아리랑 아리랑 아라리요

아리랑 아리랑 고려아리랑

'고려아리랑' 3절이다. 1절이 강제 이주의 시련이었다면 2절은 개척사다. 이어 3절을 통해 고려인들은 꿋꿋하게 지켜나

갈 겨레얼을 다짐한다. 비록 몸은 타지에 있지만 아리랑고개를 수백, 수천 번 넘더라도 혼만은 조상의 땅에 묻겠다는 그들의 의지가 잘 표현됐다.

모진 역경 속에서도 고려인 1세대와 2세대는 자식 교육에 집중했다. 우물 안 개구리로 살다 나라를 빼앗기고 멀리 원동을 돌아 소비에트 변방까지 내몰린 자신들의 시대적 한을 자식들에게 대물림하지 않겠다는 결기였다. 비탈리 펜 주한 우즈베키스탄 대사도 고려인 2세다. 그가 한 언론과의 인터뷰를 통해 밝힌 글이 두고두고 가슴에 남아있다.

"내가 1947년생인데, 어릴 때 우리 부모님 고생한 거 이루 말할 수 없어요. 1937년 강제 이주돼서 10년 뒤 내가 태어난 건데, 그때까지도 밤낮없이 일만 하셨어요. 그러면서 자식 여섯을 다 대학 공부 시켰어요. 술, 담배 절대로 하지 마라, 공부해야 성공한다, 그래야 우리처럼 안 산다, 부모님은 틈만 나면 이렇게 말씀하시면서 안간힘을 다해 중앙아시아에 정착했습니다."

이 같은 집요한 교육열로 3세대부터는 많은 인재가 주류

고려극장 단원들이 순회공연에 나서고 있다. 이 극단은 1930년대 초반 블라디보스토크에서 창단됐다. 그 뒤 중앙아시아로 이주해 활동을 잠시 멈췄다가 1938년 카자흐스탄에서 다시 만나 활발한 공연을 이어갔다. ⓒ고려인연구가 김병학.

사회로 편입됐다. 앞에서도 소개했던 신 아그리피나 유아교육부 장관이 그런 경우고, 우즈베키스탄의 선출직 하원의원인 빅토르 박 고려인문화협회장도 고려인 사회가 배출한 주요 인물 중 하나다. 그 역시 지난 2015년 하원의원에 당선된 뒤 국내 언론과의 인터뷰에서 이런 말을 했다.

"할아버님이 연해주에서 한의사로 일했습니다. 그러면서

말 농장주까지 겸해 남부러울 것 없었습니다. 그런데 1937년 가을 추수를 마칠 즈음 모든 행복이 멈춰버렸습니다. 먹을 것도 제대로 챙기지 못한 채 추위와 굶주림에 허덕이며 열차로 이동하면서 아버지 3형제 중 막내가 죽었답니다. 그런데 묻을 시간도 주지 않아 시베리아 철로가 지나가는 도로변에 내려놓고 왔다고 합니다. 그런 역경 속에서도 자식 공부만은 포기하지 않고 잡수실 것 못 잡숴가며, 입고 싶은 옷 못 입어가며 자나 깨나 자식 공부에만 매달렸던 우리 부모님 세대의 은혜를 결코 잊을 수가 없습니다."

그뿐만 아니었다. 그들의 부모 세대는 고려인 공동체 속에서 조상들의 얼과 말과 문화를 대물림하는 데도 집중했다. 집에서는 반드시 우리말을 하게 했고, 모진 고난 속에서도 제사와 효를 당연시했으며, 설과 추석 명절은 물론 단오와 동지까지 챙기면서 오랜 전통을 이어가고자 노력했다.

이들의 이 같은 노력에는 연해주에서 함께 이주한 지식인들의 도움이 컸다. 특히 1930년대 초 연해주에서 태동한 '고려극장'과 한글 신문 〈선봉〉의 맥을 이어 1938년 카자흐스탄에서 재창간한 〈레닌기치〉의 역할이 중요했다.

1932년 창단된 '고려극장'은 1937년 강제 이주와 함께 우즈베키스탄과 카자흐스탄으로 분산돼 한동안 활동이 제한됐다. 그러다 1942년 카자흐스탄의 우슈토베로 다시 모여 본격적인 활동을 재개하며 〈영웅 홍범도 장군〉과 〈홍길동〉 〈흥부와 놀부〉 같은 여러 고전 작품을 무대에 올려 중앙아시아 고려인들의 힘든 시기를 위로했다. 마침 1953년 스탈린이 사망한 뒤 고려인들의 거주 제한이 풀려 순회공연도 가능했다.

"드넓은 중앙아시아 전역을 돌며 순회공연을 펼친 '고려극장' 단원들은 고단했던 고려인 사회의 절대적 메신저였다. 이 국땅에서 민족정신을 이어가려고 노력했던 초창기 선배 단원들의 헌신과 열정이 있었기에 가능했던 일이다." (한 야꼬브 전 고려극장 음악감독)

'고려극장'이 웃음과 감동으로 전통 문화를 보급했다면, 〈레닌기치〉는 활자와 담론을 통해 '말'과 '얼'을 계승해가도록 이끌었다. 중앙아시아 이주 직후 곧바로 신문을 낼 수 있었던 데는 〈선봉〉 출신 식자공들의 공이 컸다. 갑작스러운 강제 이주 속에서도 차분하게 한글 활자를 챙겼던 그들이 있었기에 가능했고, 같은 열차를 타고 중앙아시아에 내린 수많은 지식인이 있었기에 겨레얼의 꾸준한 이식과 전승이 가능했다.

〈레닌기치〉는 1991년 소비에트연방의 해체와 함께 〈고려일보〉로 제호를 바꿔 오늘날까지도 중앙아시아 고려인들의 정신적 지주 역할을 하고 있다. 금년 2018년으로 창간 95주년을 맞는 이 신문은 외국에서 발행되는 한글 신문 중 가장 오래된 역사를 자랑한다.

그리고 중앙아시아 이주 이후의 발자취와 얼과 말을 지키기 위해 노력한 고려인들의 열정을 가장 상세히 담아낸 신문이다. 따라서 이 지역을 연구하는 학자들에게 보물과도 같은 기록 유산으로 평가받고 있다.

"동학과 천도교를 연구하는 학자들이 빠른 시일 내에 〈선봉〉의 후신인 〈레닌기치〉와 〈고려일보〉를 자세히 살펴보는 게 중요하다는 생각입니다. 아마 그 신문들을 연구하면 중앙아시아 정주 고려인들의 동학 DNA를 상당수 복원할 수 있지 않을까 생각해봅니다. 90년 세월을 훌쩍 넘긴 한글 신문이니

1930년대 말 이후의 중앙아시아 천도교사 일부가 그곳에 남아있으리라 믿습니다."

　연해주와 중앙아시아 고려인의 문화사를 일깨워준 '조작'이 여행 전 내게 조언했다. 일리 있는 얘기였다. 천도교 차원에서 예산을 만들고, 이 지역 전문 학자들에게 연구를 맡겨 단절된 중원 포덕의 역사를 복구하는 작업 또한 매우 시급한 과제였다. 하지만 의지도 부족하고 돈도 없다. 최 잔나 씨와 헤어져 호텔로 돌아가는 길, 평소보다 잰걸음인 일암이 야속했다. "내수도가 보고 싶은 게로군." 괜히 심드렁해져 애꿎은 일암만 타박했다. 왠지 오늘밤은 모든 심사가 뒤틀려 잠이 오지 않을 것 같다. 내일 아침 일찍 먼 길 가야 하는데 그 점이 걱정됐다.

미국령 내 한국인 섬 '티니안'을 아십니까?

　여행 5일째다. 오늘은 부하라를 떠나 사마르칸트로 가게 된다. 새벽 일찍부터 부산하게 움직였다. 짐도 싸고, 아침 식사도 다른 날보다 조금 일찍 끝내야 했기 때문이다. 점심 전에 사마르칸트에 도착해야 한다고 가이드가 여러 차례 강조했다. 일행 중에는 너무 강행군이라고 불평하는 사람들도 나타났다. 하나라도 더 보고 가려는 사람들과 그러고는 싶지만 몸이 따라주지 않는 사람들이 섞여 있다 보니 가이드도 어느 장단에 춤을 추어야 할지 힘든 기색이 역력했다.

"오늘은 저희가 일착입니다."

레스토랑 앞에서 기다리던 일암 부부가 반갑게 인사했다. 일암 내외는 언제 봐도 참 맑다. 함께 오길 잘했다고 생각했다. 함께 걷고, 함께 대화하며, 더불어 새해를 설계하는 게 즐거웠다.

"또 먼 길 가야 하니 든든하게 챙겨 먹읍시다. 이 집 메뉴가 그런대로 입맛에 맞아 어제도 두 접시나 비웠구먼. 한국 손님들을 많이 받는지 밥도 좋고, 국도 좋아요. 게다가 김치까지 있으니 제법 먹을 만한 메뉴입니다."

해외여행 때마다 먹는 것 때문에 고생했다. 빵 부스러기

몇 조각으로는 반나절 나기도 힘들었다. 그렇다고 아침부터 육식하기엔 소화 기능에 부담됐다. 그렇다 보니 따끈한 밥과 국이 따라오고, 김치에 생선조림 한 접시쯤 올라오면 그 밥상이 최고였다. 게다가 이 호텔 뷔페에는 내가 좋아하는 멸치에 김까지 갖춰놓았다. 물론 늘 있는 식단은 아닐 게다. 한국 손님들이 든다고 하니 부랴부랴 준비했을 지배인의 성의가 고마웠다.

"그나저나 일암, 내가 남태평양 갔다 온 이야기를 했던가요?"

식탁에 앉자마자 일암에게 물었다. 뜬금없는 질문에 그는 눈만 껌뻑였다.

"최 잔나 씨라고 했지요? 내가 어젯밤 그분하고 헤어져 방으로 들어와 가만 앉았는데 15년도 더 된 그때 생각이 나서 한동안 잠도 못 잤네요."

일암은 귀를 쫑긋하며 어서 들려달라는 듯 들고 있던 포크를 내려놨다.

"남태평양 사이판에서 비행기를 타고 한 시간가량을 가면

티니안이라는 섬이 나와요. 바다 한가운데 있는 미국령 중 하나인데 그 섬 주인이 한국인들이에요."

"이민 간 사람들이 사들인 모양이지요?"

일암 내수도가 호기심 가득한 눈빛으로 물어왔다.

"그랬으면 배가 아팠을 텐데 그게 아니니까 울컥했죠. 내가 한 15년 전쯤 우연한 기회에 그 섬을 여행하게 됐는데 거기서 아흔한 살 잡수신 한국 분을 만났어요. 그분 말씀이 태평양전쟁 때 징용 왔다가 여태껏 거기 살고 있다고 해서 깜짝 놀랐지요. 그리고 섬사람들 대부분이 그때 끌려왔다가 돌아가지 못하고 여기 눌러산 사람들의 후손이라 해서 기가 막혔지요."

"아니, 그게 말이 돼요?"

일암이 흥분했다.

"우리 정부는 뭐 했대요?"

내수도도 놀랍다는 듯 눈이 휘둥그레졌다.

"어제 만난 최 잔나 씨처럼 이름은 한국식이 아니었지만 성은 다 우리 성을 갖고 있어 믿지 않을 수 없었지요. 시대가 만든 아픔이 여기저기 널렸어요. 그 당시 일본 놈들이 우리 조선인들을 징용해가서 참호와 진지를 만들고, 위안부들을 데려다가 몹쓸 짓을 하고 패전 뒤에는 나 몰라라 지들만 내뺀 건데…."

갑자기 목이 메 허겁지겁 물컵을 찾았다. 더 이상 숟가락을 뜨기가 버거웠다. 어젯밤의 울컥함이 되살아나 앉아있기조차 힘들었다. 제2의 최 잔나, 제3의 이 알렉산드리아 조상들이 제2의 '고려아리랑' 제3의 '조선아리랑'을 부르며 곳곳에서 비참한 삶을 이어온 것이었다.

"그 섬엔 아직도 원자폭탄을 싣고 일본으로 발진하던 미국의 B-29 폭격기 활주로가 그대로 있대요. 그리고 일본인 관광객들은 아직도 그 섬에서 사람대접을 못 받고 있다 해서 통쾌하기도 했지요."

더 길게 얘기할 시간이 없어 아쉬웠다. 일본 사람들에게는 밥을 팔아도 식당 안에서는 먹을 수 없다는 이야기며, 야외에서 먹더라도 의자에 앉아 먹는 일조차 금하고 있다는 이야기며, 원주민인 한국인들의 요청으로 일본 관광객들을 무시하고 있더라는 이야기며, 반면 한국 관광객들에 대한 호의는 이 곳 우즈베키스탄 이상이라 잊을 수 없는 여행이었다 등등 할 이야기가 많았지만 출발 시각이 가까워 그만 자리에서 일어났다.

"아흔 되셨다는 그 어르신께도 동학 천도교를 기억하느냐고 당연히 물어보셨겠죠?"

식당을 나서자 일암이 내 뒤를 바짝 따르며 물었다.

"우리 정부가 이제라도 그분들을 다 모셔와야 할 것 같은데 그 뒤 소식은 어땠나요?"

일암 내수도 역시 안타깝다는 듯 눈가가 촉촉했다.

"물었지요. 그런데 세월이 벌써 언제예요? 고향 뒷산의 서낭당만 간신히 기억한다는데 더는 여쭐 수가 없더군요. 우리 천도교가 할 일 참 많아요. 고려인은 물론 이렇게 전 세계로 뿔뿔이 흩어진 우리 동포들을 다 찾아내 동학 정신으로 하루 빨리 얼싸안아야만 해요. 우리가 여행을 다녀와서 정부 쪽에도 그들에게 도움 될 방안을 찾아보라고 얘기했지만 감감무소식입디다. 예전에 대우가 섬에 기념비 하나를 세워줬다는

데 그거 하나만으로도 감격했다는 사람들이니 정부가 하지 못하면 기업들과 힘을 합쳐 우리라도 나설 일이다, 어제 우두커니 방에 앉아 그런저런 생각 하다 보니 잠을 설쳐 오늘 하루가 걱정은 걱정입니다."

종교도 하나 되고,
남북도 하나 되는 세상을 꿈꾸며

"여러분, 아침 식사 잘하셨습니까? 이제 저희는 부하라를 떠나 280km쯤 떨어진 사마르칸트로 이동하게 됩니다. 도로 사정이 어떨지는 모르겠으나 대략 네 시간쯤 걸릴 예정입니다."

버스가 출발하자 가이드가 마이크를 잡았다. 많이 지쳤을 텐데 밝은 표정을 지으려고 노력하는 그의 모습을 보며 그의 선대들처럼 그 역시 성실하게 자기 영역을 개척해가는 고려인의 후손답다고 생각했다. 엊그제 만난 이 알렉산드리아 씨는 집이 좀 살만해 그런지 풍모가 괜찮았다. 하지만 어젯밤에 만난 최 잔나 씨는 고생 많이 한 세월이 주름에 쓰여있어 마음이 좀 안 좋았다. 기왕 담는 김에 조금 더 담을 걸 그랬나? 버스 차창을 바라보다 그녀에게 택시 타고 들어가라며 봉투를 건네는데 한사코 안 받으려 해서 실랑이를 벌였던 어젯밤이 떠올랐다.

"부하라 역시 언제 또 와보겠나? 이렇게 생각하는 분들 많으시죠? 그래서 시가지를 벗어나기 전에 한 말씀 드리려고 하는데요, 부하라는 한때 중앙아시아의 불교 중심지였습니다. 그러다가 한때는 또 조로아스터교를 국교로 삼았던 적도 있습니다. 그리고 5세기 이후부터는 유대인들이 정착했던 곳이기도 합니다. 그리고 이틀 동안 돌아보신 것처럼 지금은 이슬람 문명 도시입니다. 이렇듯 부하라는 시대를 달리해가며 다양한 민족과 종교가 때론 공존하고, 때론 교차하고, 때론 넘나들며 동서 문명의 오랜 교차로 역할을 해왔습니다."

버스 안은 고요했다. 가이드의 차분한 설명에 귀를 쫑긋 세우는 중이었다. 가이드는 히바를 떠날 때도 호라즘 문명을 설명하며 인문적인 지식 하나를 더 챙겨주려고 노력했다. 오늘도 부하라에 대한 기억을 더 오랫동안 남겨주려는 듯 준비했던 지식 보따리를 풀어놓기 시작했다. 그런 그의 진정성을 모두가 좋게 봤다. 그의 설명을 듣던 일행 한 사람은 '앵커 브리핑 시간'이란 말로 그를 칭찬했다.

"엊그제 부하라에 도착해서 처음 보신 칼란 미나레트 기억하시지요? 47m나 됐던 높은 첨탑 말입니다. 그 근처에 '초르 미노르Chor Minor'라는 유적지가 있습니다. 혹시 개인적으로 산책하다 가보신 분도 있겠지만 그 유적지는 1807년에 세워진 부하라의 또 다른 상징적 문화유산입니다. 초르는 페르시아어로 숫자 4를 뜻합니다. 그리고 미노르는 라틴어로 탑입니다. 그러니까 초르 미노르는 '네 개의 탑'이라는 뜻이겠죠? 탑 하나는 불교를 상징합니다. 그리고 다른 탑 하나는 조로아스터교를 상징하고, 또 다른 하나는 유대교를, 나머지 하나는 이슬람교를 상징하고 있습니다."

2,500년이란 유구한 역사를 지내오며 부하라는 네 차례나 각기 다른 그들만의 역사를 새로 썼다. 가이드의 설명을 종합하자면 '초르 미노르'는 그들 모두의 평화와 공존을 상징

하는 뜻깊은 탑이었다. 즉 네 종교의 화합과 번영을 위해 7세기 이후 부하라의 새 주인이 된 이슬람 측이 나서 연대를 모색하고 공생의 손길을 내민 지혜의 탑이었다.

가이드의 설명을 들으면서 종교의 의미를 새삼 다시 생각했다. 종교의 존재 이유는 인간의 고통을 덜어주고 행복한 삶을 영위하도록 돕는 데 있다. 그런데 때론 종교가 인간의 행복을 박탈하고, 고민을 안겨주고, 자신의 신만 옳다는 광기 아래 전쟁까지 야기한다.

우리도 '초르 미노르' 같은 공존의 탑을 세워야 한다고 생각했다. 종교 간 대화가 갈수록 메말라가고 있다. 때론 극단적인 종교 이기주의로 국민의 눈살을 찌푸리게도 한다. 물론 종교인 상호 간의 교류와 이해를 증진하고, 이웃 종교 사이의 공동 과제를 연구하고 실천하고자 1965년부터 활동 중인 한국종교인평화회의(KCRP)가 나름 제 역할을 하고 있다. 하지만 그 정도로는 안 된다. 심지어는 같은 종교 안에서도 종파적 편가르기를 하고, 자신들이 세운 종교 지도자를 흔들어대는 안타까운 상황까지 나타나는 현실 아니던가.

"페르시아어로 숫자 7은 어떻게 되남?"

곁을 지나던 가이드에게 물었다.

"하프트라고 하는데요, 왜요?"

"아니, 그냥…."

그렇다면 한국에 세울 탑의 이름은 '하프트 미노르Haft Minor'겠군. 천도교를 비롯한 6대 종단과 민족종교협의회가 참여 중인 한국종교인평화회의의 화합과 공동 번영을 기원하며 물은 건데 가이드에게 그런 설명까지 할 필요는 없었기에 친근한 미소 하나로 나의 질문 이유를 대신했다. 가이드도 맑게 웃으며 자기 자리로 돌아갔다. 저 직업도 참 힘들겠다고 생각했다. 나처럼 무언가를 물어보는 사람들이 어디 한둘이겠는가. 아무튼 그래서 페르시아어 숫자 두 개를 배우게 됐다.

넓은 벌판을 바라보며 '화성의숙'을 떠올리다

또다시 넓은 벌판이 펼쳐졌다. 그러나 히바에서 부하라로 올 때 봤던 풍경과는 다른 모습이다. 그때는 키질쿰 사막 지대였다. 그러나 이번엔 농경 지대였다. 겨울이 물러서면 푸릇푸릇 초록빛이 돋아날 과거 우리네 농한기 농촌 모습 그대로다. 끝없이 펼쳐진 대지! 지평선 저 멀리로부터 성큼 봄 오시는 소리가 들려왔다.

깜빡 깊은 잠에 취했던 모양이다. 지난밤 심하게 잠을 설쳤기 때문이다. 게슴츠레 눈을 뜨는 순간 잠시 중국 길림의 화전樺甸 가던 길로 착각했다. 창밖 풍경이 너무나 흡사했다. 다만 그때는 대지가 푸르렀고 지금은 하늘이 청량했다.

2017년 여름 동학민족통일회 사람들과 화성의숙華成義塾 터엘 다녀왔다. 옛 만주 지역 한복판의 이 유적지는 천도교를 매개로 남북한이 머리를 맞대고 있는 역사적 공간이다. 남측은 독립운동가인 동학 천도교 출신의 최동오崔東旿 선생이 이 공간의 책임자였다는 점에서, 북측은 김일성 주석이 6개월가량 머물며 항일투쟁의 결기를 다졌던 공간이라는 점에서 유독 복원의 필요성을 깊이 공감하고 있다.

화성의숙은 독립군 장교를 양성하기 위한 교육 기관으로

옛 화성의숙 모습. 독립군 장교 양성소였던 이 학교의 초대 숙장은 천도교인으로 독립운동가인 최동오 선생이었다. 1926년 김일성 북한 주석이 이곳에 입교해 최 숙장과 처음 만나게 됐고, 두 사람은 이를 계기로 이후에도 계속 연을 이어갔다. ⓒ독립기념관

1925년 설립됐다. 이 학교의 초대 숙장인 최동오 선생은 의암 손병희 성사의 애제자다. 1892년 6월 평북 의주의 독실한 천도교 집안에서 태어나 1903년 동학에 입도한 그는 천도교 중앙종학원 고등사범과와 법정과를 졸업하고, 강도사로 임명돼 의주대교구의 중견으로 활동했다. 그리고 3·1운동 때는 의암성사의 지도 아래 전국 각지에서 모인 483명의 수련생들과

함께 우이동 봉황각에서 49일 동안 수도하고 고향으로 내려가 만세 운동을 주도하다 옥고를 치르기도 했다.

이후 그는 중국 상해로 망명해 임시정부 내무부 참사와 지방 국장 등을 지내는 한편 상해와 북경에 종리원을 세우는 등 천도교 활동에도 여러 역할을 맡았다. 그리고는 다시 중국 동북 지방으로 이동해 만주 지역 독립운동단체인 정의부에서 활동하다 1925년 초 이 기구 산하 독립군 사관학교인 화성의숙의 책임을 맡게 됐다.

최동오 선생과 김일성 주석은 1926년 숙장과 제자 사이로 만나 깊은 정을 교감했다. 당시 김 주석 나이는 15세. 숙장 최동오 선생은 제자 김일성을 집으로 초대해 식사를 함께하는 등 그를 아들처럼 돌보았다. 그리곤 민족주의적 분위기의 화성의숙에 염증을 느끼고 사회주의적 노선을 택해 김일성이 화성의숙을 중퇴하고자 했을 때도 최동오 선생은 '조국 독립을 위해서라면 민족주의건 공산주의건 상관하지 않겠다'(편집자 주 : 김일성 회고록)며 그를 격려했다.

"함박눈이 펑펑 내리던 교정에서 선생님은 떠나는 제자를 붙들고 생활에 교훈이 될 좋은 말씀을 퍽이나 오랜 시간 많이 들려줬다. 그 어린 제자는 그날 선생님의 어깨 위에 쌓인 눈을 털어드리지 못하고 뒤돌아선 것이 두고두고 가슴 아팠다."

뒷날 김일성 주석은 최동오 선생과 헤어지던 날을 이렇게 회고했다. 그리고 최동오 선생에 대한 존경심은 뒷날까지 이어져 북한 정권 수립 후 주석직에 오른 뒤에도 천도교를 북한의 유일한 종교로 인정하는 발판이 됐다.

다음은 1992년 북한 조선노동당출판사가 펴낸 김일성 회고록 《세기와 더불어》 내용 중 두 사람의 첫 만남과 이별의 순간만을 따로 떼어내 옮긴 내용이다. 참고로 일부 표기는 우리 맞춤법에 따라 수정했다. 인용문에 나오는 '성주'가 김일성이다.

　　장례식이 끝난 다음 아버지의 친구들은 무송에 며칠간 머무르면서 나의 장래 문제를 의논하였다. 그들의 보증과 소개를 받아가지고 내가 화성의숙으로 떠난 것은 1926년 6월 중

순이었다. 그때로 말하면 우리나라에서 6·10 만세시위투쟁이 일어난 직후였다. (중략) 화성의숙은 휘발하(편집자 주 : 輝發河) 기슭에 자리 잡고 있었다. 만주의 어느 곳에서나 흔히 볼 수 있는 물매가 급한 초가지붕과 청벽돌로 쌓은 거무스레한 벽체가 스무나무 숲 사이로 바라보였다. 교사 뒤에는 운동장을 사이에 두고 화성의숙의 기숙사가 자리 잡고 있었다.

교사도 기숙사도 내가 상상했던 것보다는 훨씬 초라했다. 하지만 건물이야 초라한들 뭐라는가(편집자 주 : 건물이 초라한 게 무엇이 문제인가), 집이 너절해도 좋은 것을 많이 배울 수만 있다면 그만이라는 생각으로 서운한 감을 눌러버리었다. 그래도 운동장만은 크고 번듯하였다. 나는 걸음을 옮기면서도 기대와 호기심을 가지고 화성의숙의 전모를 유심히 살펴보았다.

우리가 팔도구에서 살 때 오동진이 추운 겨울날 털모자도 쓰지 않고 우리 집에 찾아와 아버지와 함께 화성의숙의 설립 문제를 두고 의논하던 일이 생각났다. 이 의숙에 입학생으로 찾아와 교사를 살펴보는 내 마음속에는 뜨거운 감회가 끓어 올랐다.

키가 자그마하고 이마가 훌렁 벗어진 중년의 인상 좋은 숙장이 자기 방에서 나를 맞아주었다. 그가 의산 최동오 선생이었다. 의산 선생은 33인으로 불리는 3·1 인민봉기 주도자의 한 사람인 천도교 3세 교주 손병희의 제자였다. 손병희가 설립한 강습소를 나온 후 고향 의주에 내려와 서당을 세우고 천도교인 자녀들을 공부시키는 것으로 독립운동을 시작한 사람이었다. 3·1운동에도 참가하였고 그 후에는 중국에 망명하여 천도교 종리원을 세우고 망명 동포들 속에서 애국적인 포교 활동을 벌리었다.

숙장은 우리 아버지의 장례식에 가보지 못한 것이 일생의 한이 될 것 같다고 하면서 못내 가슴 아파하였다. 숙장은 총관과 한참 동안 우리 아버지에 대한 회고담을 벌려놓았다. 그날 최동오 선생이 나에게 한 훈계가 아주 인상적인 것이었다.

"성주(편집자 주 : 김일성)는 아주 맞춤한 때에 우리 의숙에 왔소. 독립운동은 수재들을 요구하는 새로운 시기를 맞이했거든. (중략) 왜놈의 신식 전법이나 신식 무장을 제압하기 위해서는 우리의 신식 전법과 신식 무장이 필요한데 이것을 누가 해결하겠는가? 바로 성주 네와 같은 새 세대가 맡아 해결해야 한단 말이오."

숙장 선생은 그 밖에도 교훈으로 삼을 만한 이야기를 많이 하였다. 그는 숙식 조건이 불편하다는 것을 재삼 강조하면서 이런 곤란 저런 곤란이 있더라도 조선 독립의 장래를 내다보면서 참고 견디라고 격려해주었다. 첫인상에도 성미가 온화하고 놀라우리만큼 언변이 류창한 사람이라는 생각이 들었다.

최동오 숙장과의 작별은 참기 어려운 괴로움을 동반하였다. 처음에는 선생이 노여움을 타면서 한참 동안 나에게 섭섭한 말을 하였다. 사내가 한 번 뜻을 품었으면 그만이지 중퇴를 하다니 될 말인가, 의숙의 교육이 마음에 들지 않아서 중퇴하겠다는데 이 어수선한 세월에 만 사람의 구미를 다 맞출 수 있는 그런 학교가 어디 있는가 하면서 막 야단을 하였다. 그러다가 나를 지고 창가를 향해 돌아섰다. 선생은 그 창가에서 눈 내리는 하늘을 하염없이 바라보고 있었다.

"성주와 같은 수재들이 마음에 들어 하지 않는 학교라면 나도 이 의숙에서 물러가겠네."

선생이 폭탄처럼 내던지는 말에 나는 몸 둘 바를 모르고 함구무언으로 서 있었다. 학교의 교육이 어떻다고 정면에서 운운한 내 자신의 처사가 숙장 선생을 위해서 너무 가혹하지 않았는가 하는 생각이 들었다.

잠시 후 최동오 선생은 마음을 가라앉히고 내 옆에 가까이 다가와 어깨 우에 조용히 손을 얹었다.

"조선을 독립시키는 주의라면 나는 민족주의건 공산주의건 상관하지 않겠네. 아무튼 꼭 성공하게."

선생은 운동장에 나와서도 퍽이나 오랜 시간 나의 생활에 교훈으로 될 좋은 말씀을 많이 해주었다. 선생의 머리와 어깨 우에는 눈이 내려와 자꾸 쌓이었다. 나는 그 후 폭설 속에서 나를 바래주던 숙장 선생의 모습을 회상할 때마다 그날 선생의 어깨 우에 쌓인 눈을 털어드리지 못한 실수를 두고두고 후회하였다.

나는 화성의숙 터를 바라보며 한 세기 전 30대 중반의 숙장 최동오와 10대 청년 김일성이 조국 독립이란 염원 하나로 이 먼 곳까지 떠나와 스승과 제자로 만났던 인연 역시 100년 뒤를 바라본 한울님의 깊은 뜻이었으리라 생각했다.

"화성의숙만큼은 반드시 복원돼야 합니다. 그것은 우리 독립운동사의 복원이자 동학 천도교사의 복원이자 남북 관계의 복원입니다. 천도교는 남북 관계가 경색돼있을 때도 여러 훌륭한 일을 맡아왔습니다. 마침 남북 관계가 다시 좋아지고 있는 시점이니 화성의숙 복원을 통해 남북 천도교 지도자들이 여기서 만나 통일 시대를 준비하는 의미 있는 성과로 반드시 이어지길 깊이 심고 드리는 바입니다."

나는 동행한 사람들 앞에서 동학민족통일회 상임의장 임기 내에 화성의숙 복원 문제를 매듭짓겠다고 다짐했다. 그러나 그로부터도 어느덧 두 계절이 흘렀다. 여러 경로를 통해 북측에 줄을 댔지만 아직은 때가 아닌 듯 여전히 조용했다.

이번 여행에서 돌아가면 다시 추진해볼 생각이다. 평창동계올림픽이 잘 마무리되면 어떤 형식으로든 정상 간 만남이 성사될 테고, 그렇게 되면 이 일 또한 어느 정도 진척을 보이리라, 기대할 만했다.

　화전 길에서 바라봤던 만주 벌판도 지금쯤은 이곳처럼 봄기운이 움트고 있을 것이었다. 어디 그뿐이겠는가. 평양 대동강 물도 풀리고, 한강 물도 풀리고, 백두산 천지에서도, 한라산 백록담에서도 이제 머지않아 꿈틀대는 새 생명들의 찬가 소리 가득할 터. 창밖을 바라보며 이틀 앞으로 다가온 입춘대길을 미리 축복했다.

매일 만지는 우리 지폐에 우즈베크가 있다?

"히바에서 부하라로 오실 때보다는 조금 괜찮으시지요? 바깥 경치도 그렇고, 거리도 많이 가깝고, 또 도로 상태도 그쪽보다는 양호해 아마 오늘 가시는 길은 그런대로 덜 지겨우시리라 생각됩니다. 그래서 그런지 주무시는 분이 거의 없어 이동 특강 순서를 하나 준비했는데 여러분, 괜찮으시지요?"

부하라를 출발한 지 한 시간쯤 됐을 무렵 가이드가 잠시 가라앉았던 실내 분위기를 활기차게 만들었다. 특강 순서라는 말에 대충 앉았던 자세를 고치면서 고개를 정면으로 향하는 일행들의 표정이 꼭 수학여행 가는 초등학생들 같다.

"저만 많이 떠들다 보니 여러분도 지겨우실 것 같아 특별히 부탁드린 분인데요, 이분은 우즈베키스탄에서도 매우 유명하신 분으로 두 달 전, 그러니까 작년 11월 우즈베키스탄 대통령이 한국을 국빈 방문하셨는데 그 시기에 맞춰 그분 책을 써서 큰 화제가 됐던 한국 작가입니다. 아마 이번 여행길에서 오가며 직접 만나보신 분도 계실 텐데요, 조철현 작가님 모시겠습니다. 여러분, 큰 박수 부탁드립니다."

앞에 앉아있던 조 작가가 일어섰다. 앞에서도 말했듯 그의 별칭은 '조작'이다. 그와 처음 만나 인사를 나누던 날 성이 '조가曹家'요 직업은 '작가作家'이니 '노변(노무현 변호사)'처럼 '조작曹作'으로 불러달라고 했던 때가 다시 생각나 슬그머니 웃음이 나왔다.

그는 기자 생활을 거쳐 30년 이상 출판 외길만 걸어온 사람이다. 책을 쓰고, 책을 만들고, 북콘서트를 기획하고, 심지어는 우리나라가 주빈국으로 초대된 전 세계 국제도서전을 전부 취재했는가 하면 2005년 평양에서 있었던 남북작가대회 기록 다큐까지 제작했던 사람이라고 해서 놀랐다. 또 얼마 전까지는 케이블 출판방송국 사장을 했던 사람이다. 그런데 책만 전문으로 다루는 출판방송은 국내는 물론 세계적으로도 유례가 없어 2014년엔가는 그 공로를 인정받아 국무총리 표창을 받기도 했다.

"방금 소개받은 사람입니다. 2017년 1월 고려인들의 중앙아시아 정주 80주년을 맞아 그들의 중앙아시아 이주사를 취재하러 왔다가 이 나라 대통령 책을 쓰게 됐습니다. 우즈베키스탄은 아시다시피 1991년 소비에트연방이 해체되면서 독립했습니다. 그 뒤 카리모프 초대 대통령이 26년 동안 권좌를 지켰습니다. 말하자면 장기 집권을 한 것이지요. 그러다가 2016년 9월 후계 구도도 없이 카리모프 대통령이 갑자기 병사하면서 정국이 일대 혼란에 빠졌는데, 이를 미르지요예프 신임 대통령이 잘 수습하고 있습니다."

'조작'의 특강에 많은 사람이 깊이 빠져들었다. 우선 작가와 한 버스를 타고 있다는 데 흥미를 느꼈고, 그것도 자신들이 여행 중인 나라의 대통령 책을 쓴 작가로부터 직접 듣는 강의라 더욱 관심이 큰 것 같았다.

그의 책을 읽고 온 나로서는 특강을 듣는 재미가 더욱 쏠쏠했다. 예습 잘한 학생이 선생님 강의를 더 경청하듯 그의 설명이 머리에 쏙쏙 박혀 뒷날 이곳에 교구를 만든다면 무척 도움이 될 듯했다.

사실 모든 종교가 그렇듯 타국에서 활동할 때는 우선 그 나라의 문화와 관습을 존중하고, 그 나라의 역사와 전통을 이해해야 하며, 그 나라의 경제 구조와 정치 체제와 법체계까지 완벽하게 알고 있어야 그 나라 사람들과 친구가 될 수 있고, 가족이 될 수 있고, 동덕이 될 수 있다.

"우즈베키스탄은 한 개의 특별시와 열두 개의 주와 한 개의 자치공화국으로 이루어져 있습니다. 면적은 약 44만 km^2로 남북한을 합친 크기보다 두 배가량 넓습니다. 인구는 3,200만 명쯤 되는데요, 지금 우리가 가는 방향 쪽으로 인구밀도가 높고, 우리가 맨 처음 둘러봤던 히바 서쪽으로는 인구밀도가 아주 낮습니다. 예컨대 타슈켄트에서 동쪽으로 200km쯤 가면 '페르가나 밸리'라고 부르는 세 개의 주가 나옵니다. 그곳은 과거 실크로드 거상들이 중국에서 올 때 톈산산맥만 넘으면 곧바로 나타나는 서역 첫 동네인데요, 그곳의 경우는 전 국토의 3% 면적인데 인구는 우즈베키스탄 전체 인구의 30%가 몰려 삽니다. 반면 히바 서쪽의 카라칼파크스탄 자치공화국의 경우는 전체 면적의 30%를 차지하고 있는데, 인구는 고작 우즈베키스탄 전체 인구의 3%밖에 되지 않습니다."

'조작'은 우즈베키스탄의 개황 설명에 이어 미르지요예프 대통령이 집권하자마자 인권 문제를 개선했고, 경제 자유화 조치를 단행해 이중 환율제를 없앴으며, 카리모프 시절 오랫동안 갈등을 빚어왔던 이웃 국가들과의 관계 개선에도 적극 나서 국제사회로부터도 아주 좋은 반응을 얻고 있다고 설명했다.

그러면서 그가 대통령에 취임하자마자 오랜 갈등으로 서로 총부리를 겨누다 대규모 살상 사태까지 빚었던 키르기스스탄과의 국경 문제를 단박에 해결했고, 25년 이상 대화조차 없었던 타지키스탄과도 양국 간 항공 협정을 맺어 직항로를 여는 등 중앙아시아 역내 평화와 안정을 위한 조치들을 적극

우즈베키스탄의 관광 인프라 수준은 아직 많이 낮은 편이었다. 모든 것이 우리네 1960년대 또는 1970년대 수준이라 잃어버렸던 시간을 다시 만난 것 같은 즐거움이 컸다. 최신식 관광버스와 낡은 이정표가 묘한 대비를 이룬 재미있는 사진이다.

추진하고 있어 우즈베키스탄의 국제적 신뢰도가 상당히 높아졌다고 칭찬했다.

"우즈베키스탄에서 사업하는 사람한테 들은 이야기인데 여기서 번 돈을 한국으로 가져가려면 절차가 무척 복잡하고, 경우에 따라서는 몇 년씩 걸리기도 한다는 데 사실이 그런가요?"

'조작'의 설명을 듣던 일행 한 사람이 질문했다. '조작'은 아주 좋은 질문이라고 치켜세운 뒤 2017년 9월 단행한 외환 자유화 조치로 이제 그런 문제는 말끔히 해결됐다고 자신 있게 답변했다. 그러면서 우즈베키스탄에는 3,000명가량의 우리 교민이 살고 있는데, 그동안 외환 송금 문제로 골치가 아팠지만 그 문제가 풀리면서 사업할 맛이 난다고 아주 좋아하더라는 구체적인 사례까지 곁들였다.

"나도 질문 하나 있는데요?"

이번에는 여성 질문자였다.

"우즈베키스탄의 아동 인권 문제가 아주 심각하다고 들었어요. 나는 부하라에서 여기까지 오면서 저 넓은 벌판이 다 목화밭이라는데 목화 따는 철이면 여기 아이들이 학교도 못 가고 저기 저 벌판으로 끌려가 목화 따는 데 동원되겠다고 생각하니 가슴이 아파 들판 바라보기가 참 먹먹했어요."

이번 질문에 대해서도 '조작'은 그 문제 역시 완전히 해결됐다고 자신 있게 답변했다. 그러면서 그는 미국에는 나이키, 리바이스, 유니클로 등 310개가량의 세계적인 의류 기업이 참여하는 '면화 캠페인The Cotton Campaign'이라는 인권 단체가 있는데, 그 단체가 아주 오랫동안 우즈베키스탄산 면화 수입을 전면 금지해왔다고 소개했다. 그 이유는 아동들의 노동력 착취 때문이었다고 했다. 그런데 그 단체들과 유엔이 함께 조사한 결과 2017년 면화 생산에서는 그런 문제가 거의 사라져 곧 우즈베키스탄산 면화 수입을 허용할 방침이라는 외신 기사도 있었다고 덧붙였다.

"말씀 들어주셔서 고맙습니다. 계속해서 좋은 시간 이어가시기 바랍니다. 오늘 이야기 마치면서 재미 삼아 한 가지 더 소개하자면 여러분은 이번 여행을 오시기 전에도 매일 우즈베키스탄의 바람과 공기와 햇살을 만지면서 살아오셨습니다. 그리고 돌아가서도 그렇게 하실 것입니다. 왜 그렇다는 건지 궁금하시지요? 아까 저기 계신 여성분도 말씀하셨듯이 창밖으로 보이는 저 벌판 대부분이 목화밭입니다. 그만큼 목화 생산량이 많은 나라가 우즈베키스탄입니다. 게다가 질도 아주 우수합니다. 그래서 한국조폐공사가 2010년 이 나라에 면 펄프 생산 공장을 지었습니다. 지폐는 종이펄프로 만들지 않습니다. 그러면 쉽게 찢어지고 물에도 취약하기 때문입니다. 그래서 면 펄프를 지폐 원료로 사용하는 건데 우리가 매일 만지는 지폐의 고향이 바로 이 나라라는 점 기억해두시기 바랍니다. 그러면 귀국해서도 이번 여행이 더 큰 추억으로 아주 오랫동안 남게 될 것입니다. 그렇지요, 여러분?"

70여 년 전의 아버지 모습과 만나다

　　버스가 잠시 멈춘 사이 간이휴게소에서 70여 년 전의 아버지 모습을 봤다. 탁한 녹색의 꾀죄죄한 군용 재킷, 귀밑까지 가린 털벙거지, 그리고 탁자 아래로 드러난 낡은 군화. 이 동네 어디쯤 사는 촌부이려나, 아니면 먼 곳에서 온 나그네일까? 고개를 푹 숙인 채 빵 조각을 뜯던 그의 모습에서 나는 70년 전의 흑백사진 한 장을 떠올리게 됐다. 지금은 어디로 사라졌는지 기억조차 없는 사진. 빛바랜 제헌의회 선거 벽보 앞에서 찍은 사진에는 아버지와 큰형, 작은형이 나란히 서 있었다.

"씨~ 엄마, 나는 왜 여기 없어?"

나는 사진을 볼 때마다 어머니에게 투정을 부렸다.

"우리 막내는 아직 태어나기 전이니까 없지."

그때마다 어머니는 귀엽다는 듯 웃으시며 내 볼을 쓰다듬었다. 나는 어머니의 그런 포근함이 좋아 이유를 알면서도 같은 질문을 반복하곤 했다. 아마 추운 겨울 어느 날 찍은 사진 같다. 아버지 복장이 방금 본 사내의 것과 많이 흡사했다.

"나는 이 옷 볼 때마다 네 아버지가 집에 돌아오시던 날이 떠올라 가슴이 미어진다. 그래서 이 옷 좀 버리라고 해도 영 고집불통이다."

열두어 살 때쯤이었던 것 같다. 아버지 병실에서 어머니가 그 사진을 들여다보며 긴 한숨을 내쉬었던 기억이 또렷하다.

형들과 나는 나이 차가 컸다. 큰형님은 1940년 1월생이다. 그리고 작은형님은 1941년 12월에 태어났다. 각각 아홉 살과 여덟 살 터울의 형님들과 나의 탄생 한가운데로 '광복'이란 굵은 물줄기가 흘러갔다.

"해방되지 않았다몬 범두 니도 없었을 끼다."

대여섯 살쯤 할머니는 종종 내게 이런 말씀을 했다. 그로부터 한참 뒤 중학생이 되어서야 그 말뜻을 겨우 이해했다. 아버지는 징용을 피해 만주 지방을 떠돌다 광복 뒤 돌아왔다. 러시아 군용 우샨카Ushanka를 쓰고, 누군가 입다 버린 낡은 미제 군용 재킷과 밑창이 너덜너덜해진 낡은 군화 차림으로. 그리고 병색이 완연해 곧 쓰러질 것 같은 모습으로.

중일전쟁이 한창이던 1938년 4월 일제는 '국가총동원법'을 공포했다. '전시 중에는 노동력과 물적 자원을 국가 마음대로 동원하고 통제할 수 있다'는 게 법의 골자였다. 이 악법을 통해 일제는 강제 징용과 징병, 식량 공출 등의 전시 통제 체제를 구축했다.

그리고 태평양전쟁이 한창이던 1943년에는 학도지원병 제도를 강행해 수천 명의 대학생들을 전쟁터로 끌어갔고, 태평양전쟁 막바지인 1944년에는 징병제까지 동원해 조선 청년들을 머나먼 이국땅 최전선의 총알받이로 내몰았다.

1941년 겨울 작은형님이 태어나자 조혼 풍습으로 일찍 결혼해 어느덧 두 아이의 가장이 된 아버지의 고민은 깊어갔다.

광활한 벌판 사이로 끝없이 이어진 도로를 버스로 이동하며 만주 벌판을 주유했던 아버지의 옛 모습을 그려봤다. 아버지는 1940년대 초반 일제 징용을 피해 만주로 떠났다가 1945년 광복과 함께 남해 고향 마을로 돌아왔다.

2차 대전의 전선이 넓어지며 일제의 강제 징용 압박은 갈수록 거세졌다. 아버지는 깊은 고심 끝에 결국 고향을 등지기로 작심했다. 그리곤 섬을 빠져나와 서해안 길을 택해 무작정 북상했다. 군산과 인천, 황해도 해주와 평남 남포, 평북 정주 등을 거쳐 신의주 압록강 변까지 이르렀다.

아버지의 목적지는 변경 너머였다. 성까지 일본식으로 바꾸라고 난리치는 일제의 지긋지긋한 폭정으로부터 단 하루라도 비켜 살고 싶은 아버지의 소망은 반도를 벗어나고 싶은 것, 오직 그 하나였다.

19세기 말 조정의 폭정을 피해 두만강을 건넜던 신한촌 고려인들의 심정으로 아버지는 단숨에 압록강을 건너 생애 처음으로 해방의 자유를 만끽했다. 그리곤 동가숙서가식東家宿西家食을 이어가며 진정한 해방을 맞을 때까지 만주 전역을 떠돌았다.

"어떻게 연명했느냐고 물었더니 목화 장사를 했다고 하시더라."

아버지는 고향으로 돌아온 뒤 쉰 너머까지 병석을 지키다 작은형 사는 하늘나라로 환원했다. 때는 1972년 내 나이 스물네 살 봄이었고, 작은형을 앞세운 지 4년 만이었다. 어머니는 사십구재를 앞두고 아버지의 옷가지들을 정리하다 잠시 멈칫했다. 그러면서 아버지의 고집으로 결국은 못 버렸던 낡은 재킷을 바라보다 긴 한숨을 토해내며 아버지의 만주 시절 한 토막을 구슬프게 읊조렸다.

"뭍으로 나가 큰 인물로 자라거라"

버스가 곧 떠난다고 가이드가 재촉했다. 떨어지지 않는 발길을 옮기면서도 자꾸 뒤를 돌아보게 됐다. 마치 환생한 아버지와 다시 이별하는 느낌이었다. 사내도 고개를 들어 멀어져 가는 나를 바라봤다.

버스에 올라 자리에 앉을 무렵 사내 역시 휴게소 밖으로 움직였다. 보폭을 옮길 때마다 그가 등 뒤로 짊어진 마대자루가 흔들렸다. 비쩍 마른 강아지 한 마리가 그의 그림자를 밟으며 뒤따랐다. 사내가 주머니를 뒤져 빵 한 조각을 던져줬다.

일행 하나를 기다리느라 버스 출발이 늦어졌다. 사내는 그 사이 버스 출입문을 스쳐 도로 옆으로 들어섰다. 어디로 가는 걸까? 80년 전 어느 늦겨울날의 만주 벌판이 그려졌다. 아버지도 저런 모습으로 걸어 이 동네 저 동네를 기웃거렸으리라. 때론 폭설에 갇혔을 테고, 때론 장대비를 만나 온몸이 젖었을 테고, 때론 밤하늘의 별을 보며 고향 바닷가를 떠올렸을 테고, 때론 두고 온 처자 생각에 하염없는 눈물도 흘렸으리라. 한꺼번에 몰려드는 여러 상념으로 가슴이 울컥했다. 하마터면 왈칵 눈물을 쏟아낼 뻔했다.

"너, 집에 들어가면 아버지한테 꾸중 좀 들을 거다."

초등학교 3학년 때였다. 학교에서 돌아오는 길, 마을 어귀에서 만난 작은형이 겁을 줬다.

"내가 왜?"

"지금 교장 선생님이 찾아와 아버지하고 신중히 말씀 중이시다."

하늘이 노래졌다. 일이 이렇게 커지다니.

"형아, 진짜냐?"

"그럼 진짜지 내가 왜 거짓말하겠냐?"

학교에서 운동화 때문에 속상한 일이 있었다. 아버지가 사준 운동화였다. 나는 신발장에 넣어야 된다는 규칙을 어기고 운동화를 교실로 갖고 들어갔다. 혹시 다른 아이가 가져갈지도 모른다는 불안감 때문이었다.

"선생님, 범두가 더러운 운동화를 책상 밑에다가 놔뒀습니다."

반 아이가 일렀다. 담임을 겸하고 있던 교장 선생님이 나무랐다. 문제는 그다음이었다. 잘못한 것을 인정하고 반성하는 척하면 그냥 넘어갈 일이었다. 그런데 다른 아이들 앞에서 꾸중을 들었다는 게 속상해서 바득바득 대들었다.

"그럼 운동화 없어지면 선생님이 사주실 겁니까?"

교장 선생님은 어이가 없다는 듯 한참 동안 바라보다 '아버지 집에 계시냐?' 몹시 화난 표정으로 내게 묻곤 창밖을 바라보며 연신 헛기침만 반복했다.

작은형을 만난 뒤 집으로 가는 발길이 무거웠다. 곧장 가

만주 벌판을 주유하며 아버지가 사무치게 그리워했을 고향 마을의 자연 풍광은 천년, 만년 세월이 흘러도 그 모습 그대로다. 중앙아시아 여행길에서 종종 남해 구미동 고향 마을 앞바다가 떠올라 눈을 감곤 했다.

도 될 길을 빙빙 돌아 선착장 앞을 지날 무렵 먼발치로 대문을 열고 나오는 교장 선생님 모습이 보였다. 순간 큰형과 작은형을 앞혀놓고 매섭게 꾸짖던 아버지의 화난 얼굴이 떠올랐다. 그대로 도망치고 싶다는 생각과 달리 집으로 향하는 발걸음이 야속했다.

"…"

학교 다녀왔다는 인사도 하지 못하고 곁눈질로 아버지 표정부터 살폈다.

"어서 오거라."

바짝 얼었던 것보다 아버지의 목소리가 온화했다.

"…"

댓돌 앞에 서서 다시 아버지의 다음 말만 기다렸다.

"우리 범두는 뭍으로 보내 공부 많이 시켜 큰 사람 만들 거다."

아버지의 갑작스러운 말씀에 온몸이 떨려왔다.

"사나이는 기개가 최고란다. 암, 어디서도 굴하지 않는 용기. 그게 바로 대장부다. 우리 범두는 그런 기개를 타고 났으니 공부 많이 해서 큰 인물로 자라거라."

교장 선생님과 아버지는 친구였다. 아마 두 분이 오늘 있었던 일을 귀엽게 봐주기로 한 모양이다. 이상하게도 키가 안 자랐다. 아버지와 형님 두 분은 기골이 장대했다. 하지만 나는 3학년이 됐는데도 키가 꼬맹이 때 그대로라 항상 의기소침했던 시절이다. 잘못을 모르지 않을 테니 질책보다 기를 살려주는 게 좋겠다고 판단한 두 분의 따뜻한 사랑이 고마웠다.

가이드가 한참을 뒤져 뒤처진 일행 하나를 찾아왔다. 휴게소 건물 뒤편에서 국제전화가 길어졌다고 해명했다. 버스가 출발하자 가이드가 다시 마이크를 잡으려고 목소리를 가다듬었다. 그러나 나의 눈길은 창밖으로만 고정됐다. 멀리는 못 갔으리라. 반대 방향으로 안 갔다면 사내를 한 번 더 볼 수 있을 것이란 기대감이 부풀었다.

하지만 사내를 다시 볼 수는 없었다. 사내가 사라진 황량한 벌판 위론 어릴 적 고향집의 댓돌 풍경만이 또렷했다. 댓돌에는 숱한 수선을 거친 낡은 군화 한 켤레와 반짝반짝 빛나는 새 운동화 한 켤레가 나란히 올라 이제는 영영 돌아올 수 없는 아버지와 늦둥이 막내아들의 60년 전 추억 한 편을 도란도란 속삭였다.

그리곤 이어지는 여러 상념들에 섞여 마침내는 아버지가 즐겨 불렀던 고복수의 '타향살이' 한 곡조가 남해로부터 멀리 5,000km 떨어진 이곳 중앙아시아 한복판의 광활한 대지 위로 구슬프게 흩어졌다.

타향살이 몇 해던가

손꼽아 헤어보니

고향 떠난 십여 년에

청춘만 늙어

부평 같은 내 신세가

혼자도 기막혀서

창문 열고 바라보니

하늘은 저쪽

고향 앞에 버드나무

올 봄도 푸르련만

버들피리 꺾어 불던

그때는 옛날

'남해인'이 자랑스러운 평생 남해 사람

어린 시절 미술에 재능이 있었다. 초등학교 4학년 때 전국 사생대회에 나가 우수상을 받았다. 붓글씨에도 관심이 많아 학교 대표로 뽑혀 군 대회에도 나가봤다. 초등학교 시절 아버지는 종종 내게 더 열심히 그려 대학 갈 때는 서울에서도 알아주는 명문 미대에 가라고 격려했다.

그러나 사춘기로 접어들며 미술에 대한 관심이 멀어졌다. 작은형님의 임관식을 보며 어느 순간 나의 꿈도 군인으로 교체됐다. 하지만 한 번 멈춘 성장판이 늘 내 원대한 꿈의 장애였다. 그로부터 기나긴 방황이 시작됐다. 그 무렵 파병지 월남에서 작은형님이 편지 한 통을 보내왔다.

"내 사랑하는 작은 거인 범두! 부탁 하나 하려고 편지 쓴다. 여기서 만난 미군들이 한국의 나폴리를 몰라 답답하다. 네 환쟁이 재능 듬뿍 살려 대한민국 지도를 입체적으로 그려다오. 단, 거꾸로 펼친 지도를 상상하며 대한민국이 우리 남해로부터 시작하는 지도이길 바라는 바 이해를 돕기 위해 내가 대충 그린 지도 한 장 첨부하니 이를 참조해서 그려달라. Are You, OK?"

나는 작은형님이 그려 보낸 지도를 보며 한참 동안 통쾌했다. 항상 보던 지도와 달리 제주와 남해가 맨 위로 올라앉고 서울과 평양을 지나 신의주와 백두산이 맨 아래로 내려앉은 구도였다. 그렇다보니 태평양 닿는 곳이 남해였고, 대륙으로 이어진 반도의 출발점 역시 남해였다. 게다가 입체적으로 그린 지도이다 보니 제주와 남해가 웅장했고 밑으로 갈수록 폭이 좁아져 백두산과 그 너머 대륙은 아주 작게 표현됐다.

"역시!"

작은형님의 상상력에 감탄했다. 지도를 보며 원더풀이라

외칠 미군 병사들의 표정도 떠올랐다. 한동안 버려뒀던 화구들을 챙기면서 괜한 신바람에 휘파람까지 절로 났다. 그로부터 남해는 반도의 끝자락이 아니라 대륙의 시발점이란 자부심을 갖게 됐다. 또 태평양과 맞닿은 오대양의 출항지라는 자부심도 갖게 됐다. 하긴 어디 나쁘겠는가? 15대 때 남해로 이주해 26대 내 세대까지 이어진 우리 은진恩津 송宋씨 장사랑공파將仕郎公派 집안은 물론, 그보다 더 오래 살았던 수많은 선인들도 나와 같은 생각을 갖고 남해를 사랑했을 것이었다.

남해 역사는 삼한시대까지 거슬러 올라간다. 최근에는 남해국도 3호선 공사 현장에서 기원전 4~5세기 무렵의 청동기시대 묘역 시설을 갖춘 지석묘와 비파형 동검, 석부 등 여러 유물이 발견돼 다시 한번 남해의 유구한 역사를 입증했다. 말하자면 엊그제 들른 히바나 어제 돌아본 부하라만큼 장대한 역사였다.

남해군이 기록에 나타나기 시작한 건 통일신라 신문왕 7년(687)부터라고 한다. 그리고 남해군이란 지명이 쓰이기 시작한 건 경덕왕 16년(757년)부터라고 한다. 고선지 장군이 탈라스 전투(751년)에서 패해 중앙아시아 전체가 이슬람 문명권으로 재편된 시기부터 존재해온 셈이었다.

남해는 제주도와 거제도, 진도에 이어 네 번째로 큰 섬이다. 전체 면적만도 357km^{2}다. 수원시 전체 면적이 121km^{2}쯤 되니 그보다 세 배가량 큰 섬이다. 그렇다 보니 섬에는 높은 산도 많다. 남해 최고봉을 자랑하는 망운산은 해발 786m로 거의 북한산(836m)과 맞먹는다. 그리고 태조 이성계가 산 전체를 비단으로 입히려고 했다는 전설 속의 금산(681m) 역시 관악산(632m)보다 높다. 그 밖에도 귀비산(503m)이며, 설흘산(490m)이며, 응봉산(472m)이며, 대방산(468m) 등이 멋진 비경을 자랑하며 남해 사람들의 높은 기개를 대변한다.

또 은빛 백사장과 푸른 바다가 환상적으로 만나 장관을 이루는 상주면의 은모래비치해수욕장을 비롯해 송정솔바람해수욕장, 설리해수욕장(이상 미조면), 두곡해수욕장, 사촌해수욕장, 월포해수욕장(이상 남면), 모상개해수욕장(창선면), 장항해수풀장(서면) 등 국제적인 수준의 명품 해수욕장이 즐비하고, 내 고향 마을인 구미동해변을 비롯 몽돌해변, 향촌조약돌해변(이상 남면), 항도몽돌해변, 초전몽돌해변, 천하몽돌해변(이상 미조면) 등 바라보고만 있어도 가슴 탁 트이는 해변 관광지들도 해안가 구석구석을 아름답게 수놓고 있다.

게다가 한글 소설 《구운몽》과 《사씨남정기》를 쓴 서포西浦 김만중의 유배지였던 노도櫓島를 비롯해 예순여덟 개의 크고 작은 섬들이 제각각 아름다운 자태를 뽐내는가 하면 이순신 장군이 1598년(선조 31년) 왜적과 맞서다 장렬하게 최후를 마친 관음포 등 실로 많은 유적지까지 품고 있다.

"그려 보낸 지도 때문에 내 인기가 수직 상승했다. 샌프란시스코 해안가에 사는 US ARMY 한 친구는 전쟁이 끝나면 고향에 갔다가 곧바로 배 한 척 구해 태평양을 가로질러 우리 마을을 찾겠다고 벌써부터 아우성이다. 오늘도 내 사물함 한 곳에 둘둘 말아 잘 모셔둔 너의 환상적인 작품을 다시 꺼내 보며 내 사랑하는 동생 범두를 그려본다. 고맙다, 凡斗. 멀리 사이공에서 작은형 分鎬."

형님과 주고받았던 옛 편지 등을 떠올리며 나는 오랫동안 남해대교를 건널 때마다 가슴이 미어졌다. 1968년 5월 육지

작은형님의 순국 소식을 보도한 〈전우신문〉 1968년 6월 26일 자 기사. 월남전에서도 살아 돌아온 작은형님은 최전방 철책선을 정비하다 이렇듯 남북 분단의 희생양으로 안타까운 최후를 맞이했다.

와 섬을 연결하는 660m의 다리가 착공될 때 누구보다 기뻐했던 이가 작은형이었다. 이제야 마침내 버스 타고 휴가를 갈 수 있게 됐다고 좋아하던 형은 그러나 그로부터 한 달 뒤 저세상으로 환원했다. 베트남전에서도 살아 돌아온 형이었다. 그런데 이렇게 허무하게 가시다니…. 게다가 1973년 6월 남해대교가 준공될 무렵엔 아버지까지 한 해 전 환원했다.

가족과 함께 국립서울현충원을 찾아 작은형님의 묘소를 참배하는 모습으로 오른쪽 끝이 어머니 김민엽 여사의 생전 모습이다. 1968년 6월 최전방 임무를 수행하다 불의의 사고로 순국한 작은형님은 내게 리더십을 가르쳐준 영원한 사표였다.

그리운 어린 시절의 남해 '천도교 왕국'

가이드는 이제 한 시간쯤만 더 가면 사마르칸트라고 안내했다. 그러면서 현지에 도착하면 점심 식사를 하고 곧바로 시내 투어에 나설 예정인데, 이제 여러분과도 작별할 시각이 점점 가까워지고 있다고 아쉬워했다.

그러고 보니 가이드의 역할은 사마르칸트까지였다. 히바부터 우리를 태우고 온 버스는 이제 그곳까지만 운행하고, 우리는 이들과 헤어져 내일 새벽 '아프라시압'이라는 고속열차를 타고 타슈켄트로 간다. 그리고 내일 하루 종일 타슈켄트 시내를 관광하고 저녁 열 시 타슈켄트 국제공항에서 귀국길에 오를 예정이다. 말하자면 사마르칸트가 우즈베키스탄에서의 마지막 밤이었다.

"저도 조만간 한국에 꼭 가보고 싶습니다. 한국에 가면 가장 먼저 바다를 보고 싶습니다. 우즈베키스탄엔 바다가 없어 해외여행이란 낱말도 없습니다. 오직 외국 여행이란 표현만 있을 뿐입니다. 우즈베키스탄은 세계에서도 두 나라밖에 없다는 대표적인 이중 내륙 국가입니다. 즉 국경을 두 번이나 넘어야 바다를 볼 수 있는 지형적 구조 때문에 평생 바다를 못 본 사람이 아주 많습니다. 그래서 한국에 가면 꼭 바다를 보고 오겠다는 생각을 자주 하고 있습니다. 저 역시 아직 바다를 한 번도 못 봤으니까요."

가이드의 말을 듣다 보니 기회가 된다면 저 친구에게 우리 동네 바닷가를 보여주고 싶다는 생각이 들었다. 어린 시절 여름만 되면 우리 집 앞으로 육지 사람들이 찾아왔다. 나는 그 모습이 신기했다. 나로서는 매일 보는 바다라 새로울 것도 없었다. 하지만 육지 사람들은 낙조 풍경 하나만으로도 행복해했고, 탁 트인 바다만 바라봐도 깊은 시름을 잊게 된다며 즐거워했다.

간이휴게소에서 마주쳤던 사내가 아버지와 남해를 그립게 했다면, 가이드의 소박한 소망은 바닷길을 따라 걷던 내 유년기의 어느 한 시절을 떠오르게 만들었다.

그 시절 나는 일주일 내내 교당敎堂 가는 일요일을 기다렸다. 누가 시키는 것도 아닌데 매주 일요일만 되면 아침 일찍 일어나 20리 길을 걸어갔다.

"오늘도 우리 범두가 제일 일찍 왔구나."

교당에 도착하면 항상 우암 종법사님이 맞아줬다.

"여기 거울 좀 닦으렴."

어르신은 고작 열 살인 내게 이것저것 시키셨다.

"큰일하려면 이런 것부터 잘해야 한다."

왜 그랬을까. 나는 우암 종법사님의 말씀을 고분고분 잘 따랐다. 남들보다 일찍 가면 더 많은 일을 해야 한다는 걸 모르지 않았다. 하지만 언제나 일찍 갔다. 싫지 않은 일이었다. 우암 종법사님은 남해 사람 모두가 존경하는 분이었다. 독립운동을 하다 옥고를 치르셨고, 광복 직후 남해에 학교를 세워 초대 교장을 지내기도 했다. 나는 그런 분과 매주 얼굴을 마주하고 말씀을 듣는 것만으로도 뿌듯했다. 어린 마음에 마치 나도 독립운동가나 동학군 대장이 된 것 같은 우쭐한 기분마저 느껴졌다.

"우리 범두가 닦아놓으니 오늘따라 거울이 더 반짝반짝 빛나는구나. 오늘은 햇살까지 맑아 우리 범두가 닦은 거울 보며 시일식侍日式 오는 동덕들이 더 많이 행복해하실 것 같다. 안 그러냐?"

교당까지는 여러 마을을 거쳐갔다. 마을 곳곳에서 만나는 친구들이 자기네 동네 교회 가자고 유혹했다. 그럴 때마다 '나는 한울님이 좋아!' 당찬 말로 거절했다.

내가 천도교에 입도한 건 1958년(포덕 99년) 초등학교 2학년 때였다. 남해는 당시 '천도교 왕국'이라 불렸을 만큼 상당수 사람이 매주 일요일 시일식에 참석했다. 우리 부모님도 당연 천도교도였다. 우리가 살던 남면 사람들 역시 우암 선생의 깊은 신심에 이끌려 대거 천도교와 인연을 맺고 있었다.

"천도교가 우리나라 독립운동을 이끌었단다."

아버지가 말씀하셨다.

"수운 대신사님의 말씀을 따라 의암성사 사위였던 방정환 선생님이 어린이란 말을 최초로 만드신 거래. 그리고 이날 하루만이라도 어린이를 한울님처럼 모시자는 의미에서 어린이날도 만드신 거래."

어머니도 말씀하셨다.

"우리 모두가 존경하는 백범 김구 선생님도 우리 동학 접주였어."

큰형이 덧붙였다.

"미국의 링컨 대통령 알지? 그분의 많은 업적 중에서 노예해방을 했다는 게 가장 큰 업적이라는 거 알지? 그런데 그게 1863년도 일이야. 수운 대신사님은 그보다 3년 전에 이미 '사람은 모두 한울님'이라는 인간 평등사상을 말씀하시고, 실제로도 집에 있던 모든 노비 문서를 불태우고, 여종 한 명은 며느리로, 또 다른 여종 한 명은 수양딸로 삼으셨대. 행동과 말씀이 그야말로 똑같은 실천가였던 거지."

작은형도 덧붙였다.

이런 분위기 속에서 나는 천도교인이라는 자부심이 컸다. 친구들이 다닌다는 교회의 교리가 어떤 건지는 몰랐다. 혹은 알려고 들지도 않았다. 그러면서 천도교당은 아무나 가는 곳이 아닌, 큰 인물이거나 장래 큰 인물이 될 사람만 다니는 곳으로 생각했다. 물론 지금은 그렇지 않다. 하지만 그때는 그랬다. 어릴 적 치기로 나는 나만의 종교가 최고라고 여기곤 했다. 그만큼 천도교에 대한 나의 자부심은 거의 절대적이었다.

그렇게 시작된 교당 생활은 이후로도 계속됐다. 그리곤 내 삶의 일부로 굳어졌다. 어릴 때부터 필체가 좋다는 소리를 많이 들었다. 그래서 학생부 시절엔 필경과 등사를 통해 시일보侍日報를 만들었고, 20대 초반 때는 천도교남해청소년회장을 맡아 여러 봉사를 했다. 또 40대에 이르러서는 남해 선구교

1960년대 사진으로, 우암 종법사님(오른쪽 끝)께서 청년 동덕들과 거리 포덕에 나선 모습이다. '통일 한국을 인내천 정신으로 이뤄내자'고 말씀하셨던 이 슬로건은 지금까지도 면면히 이어지고 동학 천도교의 통일 정신이다.

구를 모태로 서울에 설립한 동서울교구 일을 맡아 경리부장과 2대에 걸친 교구장을 지내기도 했다. 특히 동서울교구를 만들 무렵엔 아내도 자연스럽게 천도교에 입교(1992)해 함께 봉사하는 재미까지 쏠쏠했다.

그 과정에서 천도교 종학대학원에 입학해 스승님의 말씀을 더욱 깊이 공부하고자 노력했는가 하면 임기 3년의 종의

원과 선도사(2000년)를 거쳐 중앙감사 6년(2002), 천도교 기관지 발행사인 (주)신인간사 대표 두 차례(2005, 2011), 유지재단 이사(2013), 도정(2015), 연원회 부의장(2016) 등을 지내며 동학 천도교의 중흥을 위해 미력하나마 여러 역할을 갖기도 했다.

이제 조금만 더 가면 사마르칸트다. 버스를 타고 오며 조용히 눈을 감고 아홉 살 때부터 이어진 동학 천도교와의 평생 인연을 생각하니 내게 많은 가르침을 준 여러 어른들이 감사했다.

우암愚菴 선생 이전에는 남해 천도교 왕국의 태동기를 이끈 묵암默菴 신용구 어르신과 식산계를 창설해 남해 경제 발전에도 크게 기여하신 독립운동가 출신의 회암淮菴 하준천 어르신이 계셨고, 우암 뒤로는 하암河菴 김덕칠 도정이 있었다. 하암 선생은 특히 내게 도정 자리를 물려준 분이자 '신암信菴'이란 도호를 내려준 분이다. 귀국하는 대로 마침 곧 설 연휴니 고향에 내려가 회암과 우암 선생의 묘지를 참배하고, 어느덧 팔순에 이른 하암 도정께도 예를 갖춰야겠다고 생각했다.

제3장

우즈베키스탄에서의 마지막 이틀

사마르칸트에서 만난 '고구려 사신도'

한 여행자가 길에서 버린 시간이 너무 많았다고 투덜댔다. 그리고 사마르칸트를 한 나절 코스로 잡은 게 말이 되느냐고 항변했다. 아마 이제 하루 반밖에 안 남은 여행의 아쉬움을 그런 식으로 표출한 것 같다.

사실 틀린 말도 아니었다. 한꺼번에 너무 많은 곳을 보여주고자 했다. 그러다 보니 사마르칸트 같은 세계적인 유적지를 고작 다섯 시간 안에 돌아봐야 하는 아쉬움이 컸다. 더군다나 이 도시는 한국과 우즈베키스탄의 1,500년 인연을 상징하는 도시다. 이 나라 대통령이 한국을 방문했을 때 문재인 대통령과 만나 '고구려 사신도' 이야기를 많이 했다. 그리고 양국 정상 내외가 함께 국립중앙박물관을 방문해 사신도 벽화 복제품을 관람해 더욱 유명해진 유물이다.

"사마르칸트를 제대로 이해하시려면 먼저 아미르 티무르에 대해 아시는 게 좋을 것 같아 소개드립니다."

점심 식사를 마친 뒤 본격 투어에 나서자 가이드는 1370년부터 1507년까지 140년가량에 걸쳐 대제국을 건설했던 아미르 티무르에 대한 얘기부터 꺼냈다.

"우즈베키스탄 여행을 하다 보면 아미르 티무르라는 이름을 자주 듣게 되는데요, 내일 둘러보실 타슈켄트에도 아미르 티무르 박물관과 대형 동상이 있습니다. 그리고 타슈켄트 시내 중심 도로 이름도 아미르 티무르입니다. 이분은 1336년 이곳에서 조금 떨어진 샤흐리삽스에서 태어나 34세에 권좌에 오른 뒤 1405년 69세로 돌아가실 때까지 말에서 한 번도 내리지 않았다는 말이 있을 정도로 숱한 전쟁을 통해 이곳 사마르칸트를 중심으로 대제국을 건설했습니다."

가이드는 티무르 제국이 지금의 중앙아시아와 이란, 아프가니스탄 전역에 걸쳐있었고, 지금의 카스피해 너머부터 파키스탄, 인도 북부까지, 그리고 서쪽으로는 터키와 이라크까지도 티무르 제국의 영토였다고 소개했다. 그러면서 사마르칸트 도시 전체가 아름다운 이유는 수많은 땅을 정복하면서 각국의 명장들을 데려다 도시를 건설했고, 전리품 중에서도 가장 고귀한 것들만 모아 제국의 수도 사마르칸트를 치장했기 때문이라고 설명했다.

"아미르 티무르는 타고난 장수였지만 문화예술에도 조예가 깊었다고 합니다. 그래서 주변국들을 차례로 정복해가면서도 예술가들과 장인들을 무척 존중했다고 합니다. 그리고 학문적 소양도 높아 이슬람 학자들을 무척 귀하게 여기면서 사마르칸트로 모셔다 그들의 학문적인 연구를 도왔다고 합니다. 아미르 티무르는 사마르칸트를 이슬람 세계의 중심으로 만들고자 했던 야심을 갖고 있었던 것 같습니다."

그러나 그의 꿈은 1405년 병사 20만 명을 이끌고 명나라 원정길에 오르다 갑자기 사망해 멈춰 섰다고 했다. 그러면서 가이드는 그의 운도 거기까지였던 것 같다고 말해 역사의 흥

망성쇠를 새삼 다시 생각하게 됐다.

　사마르칸트에서의 첫 여정은 티무르와 그의 손자인 울루그벡, 무하마드 술탄, 샤루흐 등 많은 왕족들이 잠들어있는 '구르에 아미르'를 둘러보는 것으로 시작됐다. 멀리서도 눈에 띌 만큼 화려한 푸른 돔이 인상적인 유적지의 외관에는 알라를 찬양하는 글들이 빼곡했다. 그리고 금색과 청색으로 채색된 이슬람 문양의 내부 돔 아래로는 아홉 개의 묘석이 놓였는데, 정중앙의 흑녹색 연옥 묘석이 바로 아미르 티무르의 묘다.

　이어 들른 곳은 레기스탄 광장. 우즈베키스탄을 소개하는 관광 책자에 가장 많이 등장하는 이곳은 사마르칸트의 랜드마크로, 레기스탄은 '모래의 땅'이란 뜻이란다. 옛날에는 대규모 노천 시장이었다는 이곳에 아미르 티무르의 손자인 울루그벡이 메드레세를 지어 이슬람 교육 기관으로 발전시켰다고 한다.

　광장 동쪽으로는 '비비카눔 모스크'란 유적지도 있다. 비비카눔은 아미르 티무르가 가장 사랑했던 왕비란다. 그녀를 위해 지었다는 이 모스크는 35m 높이의 육중한 출입문과 길이 130m, 폭 102m로 중앙아시아에서 가장 큰 모스크다.

"우즈베키스탄 여행에서 아미르 티무르 다음으로 가장 많이 듣게 되는 분의 이름이 울루그벡입니다. 이분은 한국의 세종대왕과 비슷한 분이라고 보면 되겠는데요, 아미르 티무르의 손자로서 특히 천문학에 관심이 많아 그에 대한 여러 업적을 남겼습니다."

가이드는 울루그벡 천문대 터로 이동하며 그가 15세기 초에 관측한 결과가 현대의 정밀기기로 관측한 결과와 거의 일치했다고 소개했다. 그러면서 그가 세운 울루그벡 메드레세 또한 당대 최고의 왕립신학교로 명성을 떨쳤을 뿐만 아니라 울루그벡은 수학과 문학, 철학에도 조예가 깊어 많은 존경을 받았다고 덧붙였다.

히바 고성에서 가이드에게 내가 말했듯 타국에서 느끼는 한국과의 연은 작은 것 하나에도 큰 감동을 준다. 이날 일행이 찾은 곳 중 가장 관심이 몰린 곳은 역시 아프라시압 역사박물관이었다. '고구려 사신도' 벽화 때문이다. 울루그벡 천문대 터에 이어 찾은 이 박물관은 옛 소련의 고고학자들이 사마르칸트의 구도성을 발굴해 찾아낸 다양한 유물들로 조성했다.

일행들은 박물관에 전시된 알렉산더대왕 시대의 동전이나 조로아스터교 제단 등 여러 유물들엔 관심이 적었다. 고구려 사신도에 대한 관심만 높아 그 앞에서 사진 한 장 찍으려는 분주함에 잠시 소동까지 벌어졌다.

옛 소련 고고학자들이 이 지역을 발굴 조사하던 중 7세기 무렵의 벽화 하나를 발견했다고 한다. 심하게 훼손된 것을 복원해보니 특이한 관모를 쓴 두 인물이 나타났다. 이를 고고학계에 보고해 연구를 거듭하니 관모는 '조우관鳥羽冠'으로 판명됐다.

조우관은 삼국시대 때 지배 계층 남성들이 썼던 관모로 새의 깃털을 꽂아 장식한 모자다. 이에 대한 정보는 곧바로 한국 고고학계에도 알려졌다. 두 인물을 자세히 살피니 '환두대도環頭大刀'를 찬 모습까지 확인됐다. 환두대도는 삼국시대 때 사용했던 무기다. 특히 고구려의 환두대도가 유명했다. 고구려가 이를 백제와 신라, 가야로 전파했다는 기록도 남아있다.

한국과 우즈베키스탄의 1,500년 인연을 상징하는 고구려 사신도 벽화 모습이다. 사마르칸트 아프라시압 박물관에 전시돼있는 이 사신도는 서울 국립중앙박물관에도 복제품이 있어 양국 관계의 중요한 역사적 이정표 역할을 하고 있다.

"여러분, 좋은 밤 보내시고 안녕히 돌아가십시오. 여러분과 함께했던 지난 4박 5일을 저도 소중하게 잘 기억하겠습니다. 한국과 우즈베키스탄은 우리 고려인들을 매개로 많은 교류를 이어가고 있습니다. 우즈베키스탄 내 고려인들은 할아버지의 땅 한국이 세계가 인정할 만큼 많은 발전을 이룬 것을 크게 기뻐하고 있습니다. 여러분께서도 한국에 돌아가셔서 우리 우즈베키스탄 고려인들에 대해 많은 관심 가져주시면 감사하겠습니다. 특히 한국에 간 많은 고려인 노동자와 유학생들에 대해서도 한 식구처럼 따뜻하게 대해주시면 더없이 고맙겠습니다. 고맙습니다, 여러분. 내일 타슈켄트 일정 잘 보내시고 부디 안녕히 돌아가십시오."

사마르칸트 제일의 이슬람 성지로 불리는 '샤히진다 영묘' 한 곳을 더 둘러보는 것으로 오늘 투어 일정은 모두 마무리됐다. 가이드의 아쉬운 작별 인사에 일행들이 큰 박수로 그를 격려했다. 고려인을 매개로 양국이 따뜻한 교류를 이어가고 있다는 그의 말이 특히 큰 울림으로 다가왔다. 맞는 말이었다. 1992년 수교 직후 대우자동차가 이곳에 진출했다. 그때도 이곳 고려인들이 많은 역할을 한 것으로 알고 있다.

물론 대우 덕분에 그들도 경제적으로 여러 도움을 받아 우즈베키스탄 다른 민족들의 부러움을 사기도 했다. 이렇듯 양국 간 경제 교류에는 중앙아시아 고려인들의 역할이 컸다. 또 그들이 있었기에 정치적으로도 더 많이 가까워졌고, 비근한 예로 이번 여행에서도 고려인 젊은이가 가이드 역할을 맡아 언어적 소통에서도 한결 부드럽고 따뜻한 여행이 될 수 있었다고 생각됐다.

이제 우즈베키스탄에서의 마지막 밤을 맞게 됐다. 내일이면 한국으로 돌아간다. 그전에 오늘 밤 만날 고려인 두 사람이 궁금했다. 그들은 한국을 떠나오기 전 일암 지인이 소개한 젊은 사람들이다. 그들로부터 오늘 또 어떤 많은 사연들을 듣게 될까. 한편으론 가이드와의 작별을 아쉬워하면서 또 다른 한편으론 잠시 뒤 새로 만날 고려인에 대한 기대가 교차하는 순간, 버스가 어느새 오늘 밤 우리가 묵을 호텔로 들어섰다.

한국 유학 바라는 고려인 후손들의 꿈

　의암 손병희 성사는 1897년 동학 3세 교조로 취임한 뒤 교세 확장에 힘쓰는 한편 1901년 세계 정세를 직접 체험하고자 일본으로 건너갔다. 그리고 그 경험을 바탕으로 두 차례에 걸쳐 64명의 젊은이를 일본으로 데려다 새로운 문명과 학문을 배우도록 이끌었다. 국운이 쇠퇴해가는 시점, 미래를 짊어지고 갈 민족 동량棟樑의 육성이 무엇보다 중요하다는 판단 때문이었다.

　오늘 고려인 젊은이 두 사람과 만나 여러 이야기를 나누면서 종종 의암성사를 떠올렸다. 이들을 한국으로 데려다 미래 고려인 사회의 대들보로 삼으면 좋겠다고 생각했다. 우암 종법사님이 남해의 미래를 염려하며 일찍이 교육 재단을 만들었던 것처럼 동학 천도교가 그들의 미래를 걱정하면 그것이 1864년 두만강을 건넜던 동학 원형의 새로운 복원일 텐데…. 하지만 이 역시 재원 마련이 문제라 가슴이 답답했다.

"유명하신 예술가라고 들었어요."

고려인 한 친구가 만나자마자 통역을 통해 대뜸 실없는 소리를 했다. 두 친구 모두 우리말이 서툴렀다. 그게 부끄러웠는지 한국어를 전공한다는 우즈베키스탄 친구를 데려왔다.

"그게 뭔 소린감?"

내가 깜짝 놀라며 무슨 뚱딴지같은 소리를 하느냐는 표정을 짓자 그들도 놀라 눈만 깜빡였다.

"에이 의장님, 예술가 맞잖아요?"

옆에 앉았던 일암까지 놀려댔다. 그제야 알만했다. 일암이 또 허풍을 떤 모양이다. 이 친구들을 소개한 일암의 지인이 중국에서 디자인 회사를 운영한다고 들었다. 그가 중국에서 여러 명의 우즈베키스탄 출신 인턴들을 데리고 있다 해서 다리를 놓아달라 했던 건데 얘기가 엉뚱한 방향으로 흘러간 것 같다.

"어, 이 어르신 예술가 맞아. 추사 김정희라고 자네들은 잘 모를 거야. 추사체라는 서체 이름까지 있을 만큼 조선 당대 최고의 명필가였는데, 그분 이름을 따서 만든 한국추사회라는 서예가 예술 단체가 있어. 이 어른이 그 단체의 초대작가이셔. 또 서울서도회와 한국서도회 초대작가이자 서각에도 아주 조예가 깊으신 분이니 이런 분이 저명한 예술가 아니면 누가 저명 예술가냐?"

일암의 장황한 설명에 나도 쩔쩔맸고 통역도 쩔쩔맸다. 나는 예술가라는 말이 민망했고, 통역은 일암 얘기를 우리말로 옮기기가 버거웠는지 연신 이마를 훔쳐댔다.

이들 젊은이 두 사람은 페르가나가 고향이라고 했다. 페르가나는 이번 여정에 포함되지 않은 우즈베키스탄의 동부 지방이다. 나를 예술가로 불러 낯뜨겁게 했던 한 친구는 그 지역에 뤼쉬톤이란 마을이 있는데 도자기 전통 공예 마을로 지정된 아주 유명한 곳이며 자신의 할아버지가 그 마을에서도 알아주는 최고의 도공陶工이었다고 자랑했다.

"지금도 고향 마을에 자주 갑니다만 아직도 우리 할아버지를 기억하는 사람들이 많아요. 할아버지가 만든 도자기를 사마르칸트에서 팔려고 아버지가 여기에다 큰 상점을 열었지요. 할아버지가 돌아가신 뒤 지금은 다른 일을 하시지만 저도 그 영향으로 대학에서 공예를 전공하게 됐는데 한국에 가서 더 많은 공부를 하고 싶다는 생각에 뵙게 되면 좀 더 좋은 방법이 없겠느냐고 여쭙고 싶었어요."

이야기를 듣다 보니 동상이몽이었다. 내 목적은 그들에게 스며있는 동학 정신의 숨결을 일부나마 느끼고자 했던 건데 이 친구의 목적은 한국 유학이라 조금은 당황했다. 하지만 도공의 후손을 만났다는 즐거움만은 분명했다.

스탈린에 내몰려 중앙아시아로 온 뒤 누군가는 아랄해 인근으로 가 농사를 지었고, 누군가는 장사로 돈을 벌었고, 누군가는 또 이렇게 조상의 예술혼을 이어받아 도자기 명장으로 활동했다는 사실이 반가웠다. 단언컨대 일찍이 두만강을 건넌 도공 집안이라면 십중팔구 동학 출신이리라 단정했다.

천민 대접받던 예술가들일수록 수운 대신사님의 평등사상을 더 깊이 흠모했을 게 빤한 이치였기 때문이다.

"저는 마르길란이란 곳이 고향입니다. 뤼쉬톤에서 멀지 않은 곳인데 그 지역은 전통 수공예 마을로 유명한 곳입니다. 워낙 어릴 때 떠나 어렴풋합니다만 할머니와 할아버지가 물레를 돌려가며 누에고치에서 실을 뽑고, 염색을 하고, 수를 놓던 모습이 기억에 남습니다. 대학 와서 의상 디자인을 전공하며 이 친구를 만났는데 집안 내력이 비슷해 많이 웃었습니다. 우리 아버지도 사마르칸트에 가게를 내서 마르길란 비단들을 가져와 파셨지요. 저도 한국 갈 수 있는 방법이 있다면 하루빨리 가고 싶어요. 중국에 있는 친구들이 오라고 했지만 왠지 싫었어요. 갈 거 같으면 할아버지 고향으로 가고 싶다는 게 바로 저의 꿈입니다."

다른 한 친구 역시 한국행을 도와달라고 간청했다. 그들의 이야기를 듣다 미대 입시를 포기하고 방황하던 20대 한 시절이 떠올랐다. 꿈은 컸다. 하지만 아버지의 병세가 깊어지며 여러 조건들이 열악해졌다. 누군가에게 도움을 요청할 생각조차 하지 못하고 결국 꿈꿨던 미술가의 길을 접었다. 그리곤 다른 진학 기회마저 놓친 한풀이를 한동안의 거친 방황으로 대신했다.

그 뒤로도 한가롭게 화구를 다시 챙길 기회는 없었다. 하지만 도구를 그리 넓게 펴놓지 않아도 되는 붓글씨만은 놓지 않으려고 노력했다. 그리고 도道에 대한 집중력을 키우고자 쉰 줄 다 돼서는 서각書刻에도 취미를 붙여 내가 좋아하는 대신사님의 말씀을 목판에 새겨 동덕들에게 선물하곤 했다.

내가 즐겨 쓰고파서 선물하는 말씀 중 하나가 보국안민輔國安民이다. 이는 '나랏일을 돕고 백성을 편안하게 한다'는 뜻이다. 스승님의 이 말씀은 광제창생廣濟蒼生, 즉 고통에 빠진 백성을 널리 구제해야 한다는 말씀과 함께 동학사상의 가장 기본적인 이념이다. 스승께선 이 말씀들로 조선 말기 조정의 정치적 부조리와 정면으로 맞섰다. 따라서 탐관오리들로서는 가장 거슬리는 격문이었고, 백성들로서는 동학사상에 빠져들 수밖에 없는 가장 따뜻한 위로였다.

나는 이 말씀을 목판에 새길 때마다 획수가 많은 '보輔'

자에 집중한다. 칼이 살짝만 비껴가도 글자를 망쳐놓기 때문이다. 그러면서 이 글자만의 참뜻을 자주 생각한다. '보輔'는 '도울 보'다. 또는 '바퀴 덧방나무'라는 뜻도 갖고 있다. 덧방나무는 수레의 양쪽 가장자리에 덧대는 나무다. 그래서 생긴 성어 하나가 '보거상의輔車相依'다.

이 말은 '수레의 덧방나무(輔)와 바퀴(車)가 서로 의지依支한다'는 뜻으로, 즉 서로 도와가며 살아가는 관계를 말할 때 쓰인다. 이와 비슷한 '순치보거脣齒輔車'라는 말도 있다. '입술과 이는 수레의 덧방나무와 바퀴처럼 따로 떨어지거나 협력하지 않으면 안 된다'는 관계의 중요성을 강조하는 말이다.

젊은 친구들을 배웅하며 '보거상의輔車相依'와 '순치보거脣齒輔車'의 깊은 뜻을 다시 생각했다. 그들과 우리는 그런 관계여야 맞는 것이었다. 그러면서 그들의 유학을 돕겠다고 다짐했다. 마침 한국에는 전통 장인들의 명맥을 잇는 젊은이들이 점점 사라지고 있다. 그 또한 3D 업종으로 여기며 마다하기 때문이다.

세계적인 온라인 쇼핑몰에서 판매량 열 손가락 안에 든다

40대 말부터 집중력을 키우고자 서각(書刻)을 시작했다. 내가 가장 즐겨 쓰고 파는 스승님의 말씀은 '보국안민(輔國安民)'과 '광제창생(廣濟蒼生)'이다. 스승께선 이 말씀들로 조선 말기 조정의 정치적 부조리와 정면으로 맞섰다.

는 우리네 전통 대장간 호미가 명장의 대를 이을 사람이 없어 제작 중단 위기에 있다는 기사를 봤다. 또 중요무형문화재 4호로 지정된 전통 갓 제작 보유자의 명맥을 잇는 일도 시급하다는 소식도 들었다. 바로 이같이 위기에 처한 우리네 전통문화를 그들이 잇게 된다면 그건 국가적으로도 매우 중요하고 아주 의미 있는 일이라고 판단됐다.

"진짜 예술가 한 사람 못 챙기는 사람이 뭔 예술가여? 어디 가서 다시는 그런 생뚱맞은 소릴랑 하지 마시고 저 사람들 한국 데려갈 방법이나 강구해보소. 천도교가 그런 일에 앞장서면 의암성사께서 길게 내다보고 기미년 거사를 미리미리 준비하셨던 것만큼이나 머지않아 큰일 낼 수 있는 일이니 우리 돌아가는 대로 여러 지혜 모읍시다. 내 말 맞죠, 일암?"

대한민국 근대 문화 이끈 동학 천도교

호텔로 들어간들 잠이 올 것 같지 않았다. 젊은이 일행을 보내고 일암과 얘기나 더하자며 나갔던 식당으로 다시 돌아왔다. 일암은 술을 전혀 마시지 못한다. 그 점이 때론 아쉬웠다. 나 혼자 먹는 술맛이 그리 좋을 리는 없었다. 하지만 이것저것 얘기하고 싶은 우즈베키스탄에서의 마지막 밤이었다.

"집사람한테서 문자가 왔는데 우즈베키스탄 정부에서 한국인에 대한 일방 비자 면제를 발표했다는군요."

보드카 첫 잔을 마시는데 일암이 스마트폰을 보며 좋은 소식이라고 반겼다.

"일방 면제라면 이 나라 국민들이 좀 서운하겠구먼. 비자라는 게 쌍방 면제라야 정부 체통이 사는 건데 요즘은 갈수록 실리 외교니 나쁜 결정은 아니에요. 그렇게 되면 한국 관광객을 더 많이 유치할 수 있어 좋고, 자국 국민들에 대한 한국 정부의 비자 면제도 좀 더 앞당길 수 있을 테니 지혜로운 결정이라고 봐요."

나는 이 나라 대통령이 경제 발전을 위해 여러 일을 잘한다고 생각했다. 특히 당장 큰돈 안 들이고도 현금 수입이 확보되는 관광 산업 발전에 집중하고 있다는 소식이다. 한국인들에 대한 비자 면제 역시 그런 정책적 연장선상에서 결정한 것이라고 생각됐다. 그러면서 목화로 벌어들이는 이 나라 연간 수입이 대략 10억 달러쯤 된다는데 이 돈은 1년에 외국인 관광객 100만 명 정도만 유치해도 금방 해결될 일이었다.

나부터도 이번 여행길에서 숙박비며 식비 명목으로 1,000달러쯤은 지불한 것 같다. 대부분의 여행객이 그 정도는 쓰게 마련이다. 혹은 그 이상 쓴다. 100만 명이 들어와서 그렇게만 쓰고 간다면 1년 내내 생고생해서 얻는 목화 생산 수입 10억 달러는 금방 채울 수 있다.

"어쨌든 우리가 마지막 비자 세대가 됐군요. 그동안 비자 발급 절차가 까다로워 우즈베키스탄 여행을 기피하는 사람이 많았다고 들었는데, 비자 면제가 됐으니 여기를 기회의 땅으로 여기는 한국 사업가들도 더 많이 드나들 것 같고, 그렇게 되면 고려인들 일자리도 더 많이 생길 것 같아 참 잘된 거 같습니다. 이제 오기 편해졌으니까 동민회도 여기서 행사 한 번 해보는 거 어떨까요? 아까 그 사람들 같은 고려인 청년들을 대상으로요."

일암은 차제에 동학민족통일회가 매년 주최하는 청소년 인성 교육 프로젝트를 우즈베키스탄에서 한 번 해보자고 제안했다. 그러면서 한 신문사가 펼쳐 좋은 반응을 보였던 1사1촌 맺어주기(편집자 주 : 기업 한 곳과 농촌 한 곳을 자매결연으로 묶어주는 사업) 운동처럼 고려인 젊은이들과 한국 청년들을 이웃사촌으로 맺어주면 좋겠다는 의견도 제시했다. 그 말에 나도 즉각 찬동했다.

"그거 아주 좋은 생각이구먼. 청년들끼리의 사촌도 좋지만 이 나라에 진출한 기업인들과 고려인을 묶어주면 아까 같은 그런 젊은이들의 한국 유학길도 열리겠어. 아무튼 일암, 우리 할 일이 참 많아요. 이제 내년이면 3·1운동 100주년이에요. 그리고 내후년은 《개벽》이 창간된 지 꼭 100주년 되는 해잖아요? 그것 말고도 2023년은 우리 천도교가 주도해서 만든 어린이날 행사가 처음 열린 지 100주년이 되는 해예요. 역사적으로 기념비적인 이런 날들을 잘 살려 뭔가 의미 있는 일들을 계속 만들면 천도교에서 멀어져간 젊은이들도 다시 찾아들 테니 돌아가면 중앙아시아 포덕 사업을 비롯해 여러 굵직한 사업들을 위해 한 번 뛰어보자고요. 《개벽》 복간 사업도 반드시 실행해야 할 아주 중요한 과제 중 하나지요."

일암과 얘기를 나누다 보니 100년 전 우리 천도교는 모든 일에 앞서있었다는 자부심이 컸다. 의암 손병희 선생과 천도교 지도자들이 뜻을 모아 단행했던 3·1운동은 물론이려니와 한국 근대 문화사를 이끌었던 《개벽》의 창간 또한 100년 전 천도교의 가장 위대하고 소중한 족적 중 하나였다.

1920년 6월 최종정崔宗禎, 이돈화李敦化, 이두성李斗星, 민영

순閔泳純 선생 등 대표적인 천도교 어른들이 면밀한 준비 끝에 창간한 《개벽》은 당시 반도의 신문화를 주도한 결정적 방향키였다.

> '세계 사상을 소개함으로써 민족 자결주의를 고취하며 천도교 사상과 민족 사상의 앙양, 사회 개조 및 과학 문명 소개와 함께 정신적·경제적 개벽을 꾀하고자 함.'

《개벽》 창간사는 수운 대신사님이 강조했던 후천개벽 정신을 그 당시 현실에 맞춰 그대로 담아낸 글이었다. 그러면서 전체 지면의 30%가량을 문학과 예술에 할애해 소설과 시, 시조, 희곡, 수필, 문학 이론 등을 담아냄으로써 우리 근대 문학사의 새로운 지평을 열기도 했다.

일제는 3·1운동에 이은 천도교의 이 같은 민족주의적 신문명 운동에 또다시 큰 위기감을 느꼈다. 장기적으로 볼 때 3·1운동보다 훨씬 더 강력한 저항 수단이 될 수 있겠다는 판단 아래 창간호부터 날카로운 검열의 칼을 들이댔다. 그리곤

독립운동의 산실이기도 했던 천도교 중앙대교당 모습. 1921년 완공 당시 이 대교당은 명동성당, 조선총독부 건물과 함께 3대 건축물 중 하나로 유명했다. 이제 2021년이면 중앙대교당의 역사도 어느덧 100년을 맞게 된다.

1926년 8월 통권 72호로 강제 폐간될 때까지 《개벽》은 일제로부터 발매 금지 40여 회, 정간 1회, 벌금 1회 등 악랄한 탄압과 협박을 견뎌야 했다.

"《개벽》 창간과 어린이날 첫 행사 사이로는 우리 천도교사에 있어 대단히 중요한 100주년들도 들어있습니다. 2021년은 독립운동사적으로도 의미 있는 중앙대교당 건립 100주년입니다. 그리고 2022년은 의암성사 서거 100주년이지요. 또 어린이날 행사 100주년 다음 해인 2024년은 수운 대신사님 탄신 200주년입니다. 말하자면 내년 3·1운동 100주년부터 2024년까지 매년 기념비적인 행사들이 줄줄이 이어지는 셈입니다. 의장님 말씀 잘 알겠습니다. 내일 타슈켄트 공항에서 조철현 작가와 인터뷰를 하신다면서요? 이런 중요한 시점에서 향후 우리가 어떤 일을 펼쳐나갈지 구체적으로 말씀해주시면 좋겠습니다. 이제 많이 늦었으니 들어가시지요."

일암과 호텔로 돌아가는 길, 하늘이 맑아 유쾌했다. 사마르칸트의 마지막 밤이자 우즈베키스탄에서의 마지막 밤이 괜찮았다. 일암과 결기를 새롭게 다졌다는 것 하나만으로도 나를 만족했다. 뜻이 있는 곳에 길이 있다고 했다. 뜻을 분명히 세우면 길도 열릴 것이리라 여겨졌다.

3·1운동 당시 천도교는 개신교 측에 당시 돈 5,000원, 지금 돈 100억 원대에 해당하는 큰돈을 지원했다. 그만큼 교세가 컸다. 그런 힘을 축적할 수 있었던 것은 구국일념의 뜻을 분명하게 잘 세웠기 때문이다. 그런데 지금은 나부터도 많이 부족했다.

'춘래불사춘春來不似春'이라 했다. '봄은 봄인데 봄 같지 않은 봄'이란 뜻이다. 남북 간 해빙 무드가 조성되는 등 모든 징조는 분명 길한 봄이었다. 하지만 나를 비롯한 많은 종단 지도자들의 입지立志는 아직 춘래불사춘이다. 그 점이 부끄럽다. 스승님께도 당연 죄송할 따름이다.

고속열차에서 떠올린 《백년을 살아보니》

　이태 전 딸아이가 철학자 김형석 교수의 《백년을 살아보니》란 책을 사다 줬다. 그 책을 읽으면서 공감하는 대목이 많았다. 그러고 보니 그 어르신도 새해를 맞아 99세가 되셨겠다. 1920년생으로 《개벽》 창간 해와 동갑이시다. 부디 건강하게 더 오래 사셔서 후학들에게 좋은 말씀 계속해주시면 좋겠다고 생각했다.

　선생께서는 책을 통해 100년을 살아보니 '60이 되기 전에는 모든 면에서 미숙했다'고 하셨다. 그러면서 인생 황금기는 60세부터 75세까지라고 많은 노년들을 격려했다. '75세까지는 정신적 성장이 가능하다는 것을 몸소 체험했다'면서 '사람은 성장하는 동안은 늙지 않는다'는 좋은 말씀도 해주셨다.

새벽 일찍 일어나 아침 6시 30분에 출발하는 타슈켄트행 고속열차를 탔다. 시속 200km로 달리는 이 나라 고속열차 이름은 '아프라시압'이다. 아프라시압은 사마르칸트 북부에 있는 옛 성터 이름이다. '고구려 사신도'가 발견됐던 바로 그 유적지다.

사마르칸트에서 타슈켄트까지는 300km다. 이 속도로 간다면 한 시간 반이면 타슈켄트에 도착한다. 잠깐 눈을 감았다. 그때 김형석 선생의 《백년을 살아보니》가 생각났다. 그러면서 이 고속열차만큼이나 인생 참 빨리 갔다고 생각했다.

"애들 때는 시간 참 안 갔는데 요즘은 왜 이렇게 시간이 빨리 가는 줄 몰라."

친구에게 투덜댔더니 그가 이렇게 말해 웃었다.

"열 살짜리 시간은 시속 10km여. 그런데 서른 살 먹은 젊은이들 시간은 시속 30km고, 쉰 살 되면 그게 50km로 빨라져요. 그러니 우리 나이엔 이제 시간이 시속 70km로 흘러가게 마련이니 눈 뜨면 저녁이고 한 잠 자면 한 달이고 그런 거지 뭐. 재간 있남?"

시간이 시속 20km쯤이던 시절, 대학 진학을 포기하고 부산에서 한참을 걷돌다 스물세 살에 다시 고향으로 돌아왔다. 나를 다시 다잡아준 것은 천도교였다. 1971년 한 해 동안 천도교남해청소년회장을 수행하며 당시 새마을운동과 함께 전국적으로 활성화됐던 4-H클럽의 남해 남면 회장과 군 전체 부회장 일도 맡아봤다. 그러면서 고향 마을을 더 많이 사랑하게 됐다.

"이 선착장만 보면 범두 한창 때가 생각나서 가끔 웃는구면. 한 성질 했을 때야. 그치?"

지난 연말 남해 선구교구 행사가 있어 모처럼 고향 마을을 찾았다. 오랜만에 만난 어릴 적 친구와 바닷가를 산책하다 선착장 앞을 지나갔다.

"그때 국회의원 이름이 뭐였지? 이젠 모든 게 깜빡 깜빡이라 큰일 났어."

친구가 물어본 이는 신동관申東寬 의원이었다. 그는 내가

4-H클럽 남면 회장을 맡아보던 1971년 7월 민주공화당 소속으로 처음 당선돼 1980년 10월까지 내리 10년가량을 남해 지역 국회의원을 지냈던 사람이다. 그는 한때 나와도 깊은 인연을 맺었었다.

고향 마을 구미동에는 선착장이 없었다. 남해대교 개통이 아직 2년이나 남았던 시절 배는 여전히 가장 중요한 교통수단이었다. 그런데 선착장이 없어 여객선 취항이 곤란했다. 이 문제는 주민들의 아주 오랜 숙원 사업이었다. 동네 이장님과 서울로 내달렸다. 새벽녘 서울역에 내려 무작정 택시를 탔다.

그리곤 아직 잠에서 깨어나지도 않은 신동관 의원 집을 찾아가 생떼를 썼다.

"햐, 이 사람 성질 한 번 무척 급하구먼."

눈을 비비고 일어난 신 의원이 예산 문제도 있으니 일단 내려가라고 했다.

"의원님. 한 달 세비만 내게 떼어내주십시오. 내가 그걸 갖고 동네 청년들 다 모아서 금년 중으로 1m만이라도 만들어 놓겠습니다. 그러면 일이 시작되는 거 아닙니까? 그러면 내년 예산도 확실하게 담보할 수 있을 테고…"

내가 태어나고 자란 남해 구미동 해안가는 언제 봐도 아름답고 포근하다. 우리 집안은 15대 때 남해로 이주해 26대 내 세대까지 이곳을 터전으로 살아왔다. 해발 786m의 망운산을 비롯한 여러 높은 산들이 나의 기개를 높여줬고, 오대양으로 뻗은 아름다운 바다가 나의 가슴을 넓혀준 곳이라 나는 70 평생을 살면서도 '남해 사람'이라는 게 항상 자랑스러웠다.

그런 과정을 거쳐 선착장 공사가 시작됐다. 세비 운운하는 게 귀찮았는지, 고집 꺾기 힘들겠다고 판단한 때문인지, 고향을 사랑하는 청년의 열정에 감복한 것 때문인지, 어쨌든 신 의원이 문제 해결에 적극 나섰다. 또한 마을 주민은 선착장의 속돌로 쓰기 위해 돌담을 헐어 이고지고 나르며 60m를 완공했다.

"이제 그런 성질 다 죽었구먼. 스무 살 때는 설악산 흔들바위도 들어다 남해로 옮길 수 있겠다는 결기가 있었는데 그런 오기, 치기, 결기 다 죽었어 이젠."

친구에게 나약한 모습을 보였다. 어느덧 50년 전 일이라 생각하니 세월의 덧없음이 다시 한번 실감됐다.

방위병 복무까지 겹치다 보니 20대 거의 모든 시간을 고향과 함께 지내 좋았다. 스물여덟 살 가을 서울로 올라오기 전까지 모교인 해성중학교와 지금은 전국적인 명성을 얻고 있는 해성고등학교에서 체육 강사로 일했고, 야학을 운영했는가 하면, 방황하던 시절 깊이 빠졌던 태권도 유단자 이력을 살려 태권도장을 운영하기도 했다.

그러면서 길게 보려면 체력과 정신력이 무엇보다 중요하겠다는 판단으로 태권도 5단의 위치까지 확보했다. 검도 초단, 합기도 초단에 이르기까지 이 시기 집중했던 정신 수련이 이후 70 평생 내내 내게 상당히 유익한 결과로 돌아왔다.

이제 30분만 더 가면 수도 타슈켄트였다. 아프라시압 창밖으로는 수도권으로 갈수록 점점 마을들이 늘어났다. 우즈베키스탄의 현재는 우리나라의 1970년대 모습이다. 1인당 GDP 수준이 그렇고, 정치 환경이 그렇고, 권투와 레슬링에 열광하는 스포츠 문화가 그렇고, 농업 중심의 경제 구조가 그렇고, 도시 외관이며 촌락 구조 또한 우리네 그 시절과 여러모로 닮아있다.

그렇다 보니 젊은이들의 이농 현상도 그렇고, 수도권 과밀화 조짐 또한 1970년대 우리네 모습과 상당히 유사했다. 그런 모습을 보며 이 나라 사람들이 읽을 《1970년대를 되돌아보니》란 책이나 한 권 쓸까? 고속열차 창밖을 바라보다 그런저런 생각이 들어 겸연쩍게 웃어봤다.

인생 70, 가장 잘한 일은 뭐였을까?

1976년 가을부터 서울 생활을 시작했다. 여수에서 기차로 상경하던 날의 풍경도 아마 지금 보고 있는 창밖 풍경과 크게 다르지 않았으리라 생각됐다. 그리고 지금 이 열차 어느 칸엔가는 멀리 이 나라의 남쪽 어디선가 부푼 꿈을 안고 수도 타슈켄트로 가는 스물여덟 살 외로운 총각 한 사람이 깊은 눈망울로 창밖 풍경을 바라보고 있을지 모른다는 생각도 해봤다.

다시 눈을 감고 지난 시간을 반추했다. 참으로 다사다난했다. 아내를 처음 만났던 서울 생활 2년째 어느 날의 추억부터 큰아들 민재旻宰를 낳고 뛸 듯이 기뻤던 날이며, 둘째딸 민경旻敬이까지 보면서 천하를 다 얻은 사람처럼 희희낙락했던 시절들이 마치 어제의 일처럼 스쳐 지나갔다.

그리고 사업이 잘돼 가족과 함께 남산타워 꼭대기에서 서울 야경을 바라보며 외식을 즐겼던 날의 기억부터 큰 부도를 맞고 성남 골짜기 지하셋방으로 이사하던 날의 아픔까지, 그리고 많이 힘들고 지칠 때마다 내게 큰 위로가 됐던 천도교 중앙대교당의 불빛과 조금 여유가 생기면서 국제로타리클럽 부총재(3600지구)며, 아이들 학교 운영위원이며, 아파트 주민회장 등 사회 봉사활동에 나섰던 기억들도 생생하게 다시 떠올랐다.

'김형석 선생께서는 백 년을 살아보니 인생은 늙어가는 것이 아니라 익어가는 것이라고 하셨는데, 그렇다면 인생에서 내가 가장 잘한 일은 뭘까? 70년을 살아보니 뭐가 어떻더라고 민재와 민경이에게 들려줄 얘기는 정작 뭐란 말이던가.'

마침내 창밖으로 다닥다닥 붙은 집들이 나타났다. 우리로 말하자면 1970년대 시절의 구로공단쯤에 온 것 같다. 이제 타슈켄트 보그잘(기차역)까지 얼마 남지 않았다는 신호였다.

그즈음 문득 70 평생에서 가장 잘한 일을 찾아냈다. 공부였다. 불혹不惑 전엔 반드시 시작하리라 작심했던 방통대 입학을 서른아홉, 그제야 실천했다. 경제학과였다. 경제를 우선 깊이 알고 싶어서였다. 6.29 선언이 있었던 해로 연일 대학생들의 시위가 이어지던 즈음이다.

이후 학업에 대한 관심은 내가 모시는 스승님의 말씀을 더 깊이 알고자 하는 쪽으로도 발전했다. 그래서 1994년에는 천도교 종학대학원 과정을 수료했고, 1995년 천도교인이자 독립운동가였던 강우건 선생의 수기를 읽고 나서는 1996년 3월 마흔여덟 살의 만학도로 대학원(경원대) 공부도 시작했다. 다음은 내게 대학원 공부를 시작하도록 영향을 미친 강우건 선생의 수기 중 일부로, 일부분은 현대 어휘로 고쳐 썼다.

아들 일리야에게 전하는 글

일리야, 네가 이 글을 자주 보며 잘 보관하여라. 이 글은 친족을 찾는 데 지침이다. 친족관은 인생관의 첫 조건이다. 우리의 친족들이 어떠한 성분의 사람들이며 어떠한 곳에 사는가? 이것을 잘 알아야 할 것이며 또는 찾아보기를 힘써야 할 것이다. 그러자면 이 글이 가장 좋은 재료이다. 이제 먼저 나의 사적부터 말하려 한다. (중략)

나는 함경남도 홍원군 학천면 풍상리에서 1884년 10월 27일 셋째 아들로 출생하였다. 내가 7세 되는, 즉 1890년에 나의 모친이 세상을 떠났다. 그때부터 나와 나의 세 살 먹은 동생은 조모님 밑에서, 형수님 무릎 아래서 자랐다. (중략)

18세까지 가정 생산 노력에만 전력하고 그 외 세상일에는 아무 관심이 없었다. 그러므로 이전 몇 해 동안 삼동지학三冬之學(편집자 주 : 가난한 집 아이들이 글을 읽을 수 있는 겨울철 3개월의 농한기)한 것이 헛것이 되고 말았다. 서신 한 장도 쓸 수가 없으며, 볼 수가 없었다. 성명삼자(이름 석 자) 밖에는 아는 글자가 없었다. 그래서 그해 동삼(겨울철 석 달)부터 야학을 다니기로 작정하였다.

40~50세 될 때까지라도 성공할 때까지 할 결심으로 시작

하였다. 그래서 참 백열적白熱的(편집자 주 : 힘의 정도나 열정이 극도에 다다른, 또는 그런 것)으로 하였다. 생산 작업 외의 여유 시간은 모두 학업에 이용하였다. 그래서 20세 되는 때에는 한글을 알게 되었다. (그렇게 하니) 예전에 술이나 같이 먹고 잡기나 하던 동무들은 멀어지고 소위 일류 문사라든지 외방 유학행들이 자주 방문해주었다.

21세 되는 때에 차상리라는 촌의 큰 서당에서 70여 명의 학생을 데리고 훈학을 하였다. 1년 동안 구학문을 가르쳤다. 그 후에 측량술을 6개월 동안 강습받아 선영 산소들을 측량했다. 이것이 모두 다 야학의 힘이었다. 그때부터 나는 인생관도, 사회 참여도 좀 넓어지게 되었다. (중략)

혁명 색채가 가득한 '천도교'라는 종교에도 입회하였다. 천도교 교리 강습도 성과 있게 마쳤으며 천도교 전교사도 몇 해 하였다. (또) 천도교 교리 강습소 강사도 하였으며 순회 강사도 1년간 하였다. (중략)

그 후부터 조선 민족 운동 전선에 발을 옮기었다. 1919년 3월 1일 운동 지도자 33인의 선언에 발을 맞춰 1919년 3월 16

일에 홍원군 시위운동에 지도자 중 한 사람으로 일하였고 그해 여름에 서울 서대문감옥에 미결수로 있는 홍원 인사들을 후원하기 위하여 동지 - 박주섭 군과 동반하여 서울 가서 여름을 지냈다. 감옥에 있던 동지들이 판결을 받은 후 바로 8월에 박주섭 동지와 같이 사랑스러운 고국을 이별하고 사천이 생소한 외양으로 투족하게 되었다. (하략)

이 수기는 만주와 러시아 지역 독립군의 육필 기록이라는 점에서 큰 화제가 됐다. 특히 천도교단 내에서는 1910년대 천도교사의 한 부분을 이해하는 데 도움을 준다는 점에서 사료적 가치가 크다고 평가했다.

강우건 선생의 수기는 보훈처가 1992년 러시아 지역을 방문해 입수했다. 보훈처는 이 수기가 1920년대 당시 우리 독립군이 러시아로 이동한 뒤 혁명군인 적군과 한 편이 되어 일본군과 연합했던 백군과 맞서 싸운 사실을 기록하고 있어 독립운동사 연구에 귀중한 자료가 될 것이라고 평가했다.

특히 강우건 선생의 육필 수기엔 만주 지역 독립운동 단체들의 그 당시 재정 통계표까지 자세히 작성돼있어 독립운동사를 연구하는 학자들에게 큰 놀라움을 줬다. 예컨대 '단원 입단금 6천8백 원, 단원에게서 걷은 의무금 1만 2천 원, 내지(한반도) 유지와 각 단체로부터 받은 의연금 15만 원, 적의 주재소를 파괴하는 등으로 입수한 증모금 6만8천5백50원', 이런 식이었다.

나는 당시 수기를 읽으며 두 가지 사실에 감동했다. 하나는 1930년대 카자흐스탄으로 강제 이주된 강우건 선생이 아들에게 뒷날 조상을 기억할 수 있도록 했다는 기록의 중요성이었고, 다른 하나는 학업에 대한 열정이었다. 마흔이 넘고 쉰이 넘더라도 뜻하는 바를 이룰 때까지 계속 학문에 전념한다고 밝힌 선생의 의지가 내겐 큰 자극이었다.

선생의 그 같은 자극은 60 넘어서까지 계속 영향을 미쳤다. 그래서 2014년에는 예순여섯의 나이로 북한대학원대학을 마칠 수 있게 됐고, 천도교 종학대학원 연수 과정을 수료하는 만학의 즐거움을 갖기도 했다.

마침내 타슈켄트

입춘이었다. 그래서 그런지 한결 봄기운이 느껴졌다. 타슈켄트의 아침 기온도 영하 1℃였다. 5일 전 히바 날씨와는 완전 다른 결이었다. 이 또한 연꽃 효과리라 생각했다. 봄이 반쯤 열리는 데까지는 제법 오래 걸린다. 하지만 하룻밤 봄비에 새싹이 돋고, 피부에 와닿는 대기 감촉 또한 입춘을 지나면 한결 온화해진다.

타슈켄트는 역시 수도다운 면모가 느껴졌다. 1966년 대지진으로 구도심은 거의 무너졌고 그 뒤 새로 조성된 도시라고 했다. 특히 1991년 독립 이후 도시 전체를 리모델링해 소비에트연방 분위기도 거의 사라졌다. 다만 아직도 상점 간판들은 대부분 러시아어다. 그래서 첫인상은 모스크바 거리 풍경과 그리 다르지 않아 조금은 아쉬웠다.

"오늘 일정은 여러분 편하신 대로 하면 됩니다. 개인 일정이 있는 분은 개인적으로 행동하다 저녁 일곱 시까지 타슈켄트 국제공항으로 오시면 됩니다. 그리고 개인 일정이 없는 분은 버스로 시티 투어를 하다 저녁 일곱 시까지 공항으로 가시게 됩니다."

기차역에 도착하자 우리말이 많이 서툰 타슈켄트 여행사 직원이 하루 일정을 안내했다. 일암 내외와 나는 자유 일정을 택해 일행과 헤어졌다. 조철현 작가가 '아리랑요양원'이란 곳을 안내해주기로 해서 우선 아침 식사부터 해결했다.

아리랑요양원은 고려인 1세대 독거노인 40여 분을 모신 곳으로 타슈켄트 외곽에 있다고 했다. 2010년 우즈베키스탄 정부가 땅을 내주고, 한국 정부에서 건물을 지어 80세 이상 된 고려인 어르신들을 모시게 되었다고 하니 참 따뜻한 시설이다. 게다가 우리 정부에서 보건 전문가를 파견해 그분들의 건강까지 자상하게 살핀다고 해서 관광은 하지 못해도 좋으니 꼭 가보고 싶다고 사정했다.

"문재인 대통령이 곧 우즈베키스탄을 국빈 방문하신다고 합니다. 아마 4월 중순쯤이 될 거라고 하는데 남북 정상회담이 어떻게 되느냐에 따라 미뤄질 수도 있다는 소문도 있습니다. 어쨌든 문 대통령께서 오시면 부부가 함께 가시든, 김정숙 여사만 가게 되시든, 반드시 들러볼 거라는 이야기가 있을 만큼 아리랑요양원은 양국 교류에 있어 가장 상징적인 공간입니다."

타슈켄트 기차역으로 마중 나온 한인 현지 여행사 사장은 아리랑요양원을 소개하면서도 다른 한편으로는 남북 정상회담이 어떻게 될 거 같으냐고 반복해서 물었다. 그의 표정에는 정상회담이 가을쯤으로 연기됐으면 하는 바람이 역력했다. 재외 국민들로서는 대통령의 국빈 방문이 한인 사회 경제 활성화를 위해 무척 중요한 일이었다.

"아마 잘되지 않겠습니까? 2월 중으로 하고, 4월에 방문하시면 참 좋겠군요."

일암이 그의 표정을 살피면서 낙관적으로 내다봤다.

"작년 11월 이 나라 대통령이 한국을 방문했잖아요? 그때 얘기가 아주 잘된 모양이에요. 그래서 문재인 대통령이 4월쯤 답방하겠다고 하신 건데 갑자기 남북 정상회담 얘기가 나와 우리 교민들이 급당황하고 있습니다."

여행사 사장은 그러면서 우즈베키스탄은 문재인 정부의 핵심 공약 중 하나인 신북방정책의 교두보인 만큼 이번 방문이 남북 정상회담만큼이나 중요하다고 강조했다. 하지만 그건 사실 지나친 해석이라 한마디 꺼들었다.

"비행기를 타고 왔는데 빠른 시일 내에 꼭 기차를 타고 오고 싶습니다. 서울부터 평양을 거쳐 여기까지 기차를 타고 오면 아주 근사할 것 같습니다. 여기 교민이 한 3,000명쯤 된다고 하셨던가요? 아마 그렇게 되면 교민 수도 열 배는 늘어날 겁니다. 평양이나 의주에서 오신 분들도 있겠지요. 남북 정상회담은 우리 민족 모두를 살리는 길입니다. 고려인의 조상 대부분이 북쪽 분들입니다. 내가 아는 독립운동가 강우건 선생도 아들에게 이다음에 커서 꼭 조상들의 고향을 찾으라며 자기가 태어난 마을까지 자세히 묘사한 육필 수기를 남겼는데, 결국 남북이 가로막혔다 보니 할아버지와 아버지 고향 찾아가기가 수월하지 않았을 것 같습니다."

살다 보면 조금씩은 아전인수我田引水이게 마련이다. 말뜻 그대로 한창 가물 때 '자기 논에만 물을 끌어다놓고 싶은 마음'이야 왜 없겠는가. 그게 인간 속성이다. 여행사 사장은 문 대통령 국빈 방문이 무엇보다 시급했다. 양국 관계가 활활 타야 오가는 사람이 늘어나고, 그래야 여행사 사업도 대박이 날 일이었다. 하지만 나는 그보다 남북 정상회담이 중요했다. 동학민족통일회 입장에서는 남북 관계가 잘돼야 북측 천도교와 더욱 적극적인 교류를 할 수 있기 때문이다.

"그나저나 날씨가 많이 흐렸는데, 눈이라도 한바탕 쏟아질 것 같아요."

일암의 말에 여행사 사장은 비 예보가 있었다고 했다. 그러면서 그는 타슈켄트에서는 한겨울에도 한국 같은 함박눈 구경하기가 힘들다고 했다. 기온 또한 서울보다 많이 따뜻해 겨울나기가 수월하다고 덧붙였다.

고려인 1세대 모신 '아리랑요양원'을 찾아

"조 작가님인데요, 아무래도 오늘 아리랑요양원 방문은 곤란할 것 같다는데요?"

조철현 작가는 엊그제 타슈켄트에 먼저 와있었다. 아침 식사를 하며 여행사 사장과 이런저런 이야기를 나누는데 '조작'으로부터 연락이 왔다. 전화를 받은 여행사 사장이 난감한 표정으로 핸드폰을 건네줬다. 잠깐이면 될 줄 알고 아침 일찍 타슈켄트 한국 대사관엘 들렀는데 일정이 많이 길어지게 됐고, 그쪽도 마침 오늘 사정이 안 좋아 방문하기 어렵겠다는 얘기였다.

"그럼 우리끼리만 가봅시다."

전화를 끊곤 내가 떼를 썼다.

"그건 곤란합니다. 요양원 어르신들의 면역력 때문에 미리 약속을 잡지 않으면 아무나 함부로 들어갈 수 있는 곳이 아닙니다."

여행사 사장이 손사래를 쳤다. 조 작가가 사전 예약을 했

타슈켄트 외곽에 있는 아리랑요양원에는 현재 마흔 분가량의 고려인 1세대 독거노인들이 거주하고 있다. 양국 간 따뜻한 교류의 가장 상징적인 시설로 현재 한국국제보건의료재단이 맡아 운영하며, 보건 전문가를 파견해 고려인 어르신들의 건강을 자상하게 살펴드리고 있다.

던 모양인데 스케줄이 안 된다 하니 다른 데나 둘러보자고 만류했다.

하지만 기어코 내 고집이 이겼다. 먼발치에서 그냥 보고 오기만 해도 좋겠다는 내 의견에 일암 내외도 동조했다. 타슈켄트는 마음만 먹으면 언제라도 올 수 있는 곳이었다. 시내 관광은 그때 해도 늦지 않을 일이었다. 하지만 아리랑요양원은 여행 전부터 마음을 설레게 했던 필수 코스였다.

요양원은 타슈켄트 주 시온고마을이란 곳에 자리 잡고 있었다. 타슈켄트 주는 수도 타슈켄트와는 행정구역이 다른 곳이었다. 말하자면 우리나라 경기도처럼 수도를 둘러싸고 있는 이 나라의 열두 개 주 가운데 하나였다. 여행사 차량이 시내를 벗어났다. 한참 들판을 달리는데 곳곳에서 봄 오는 소리가 들렸다. 이제 두어 달쯤 뒤면 푸릇푸릇 녹색 향연이 펼쳐질 시골길을 한참 달려 작은 마을 입구로 들어섰다.

"여깁니다."

요양원 건물을 보는 순간 갑자기 눈물이 핑 돌았다. 그러면서 건물 안에 계실 40여 분의 모습들이 그려졌다. 산수傘壽에서 졸수卒壽 사이의 연세들이라면 1937년 스탈린의 만행당시 갓 태어난 아기들이었거나 고작 열 살 된 유년기들이었다. 그런데 그로부터 어느덧 80년이 흘러 이런 시설에 누워 계시게 됐다.

그사이 종전終戰이 있었고 멀리서 남북 분단을 바라봤다. 그리고 미소 냉전 시대의 한복판을 살았으며, 어느 날 영문도 모른 채 떠밀려온 나라들의 독립 순간도 지켜봤다. 조선인으로 떠나 고려인으로 살며 소비에트연방 국적을 거쳐 1991년 연방 해체에 이르러서는 각기 또 다른 신분들로 변신했다. 누구는 우즈베키스탄 국민으로, 누구는 카자흐스탄 국민으로, 또 어느 누군가는 우크라이나 국민으로. 그렇게 흩어져 사는 고려인 수가 무려 50만 명이라고 했다.

    시천주 조화정 영세불망 만사지
    侍天主 造化定 永世不忘 萬事知

요양원을 바라보다 고개를 숙이며 주문을 읊조렸다. 그들의 할아버지와 할머니가 연해주 벌판을 거닐며 읊조렸던 주문이다. 그리고 그들의 아버지와 어머니가 중앙아시아 한복판을 달궜던 주문이다. 하지만 지금은 그 기운이 흩어졌다. 아니, 잠시 동토凍土 속에서 냉각됐다. 곧 다시 뜨거워지리라. 후천개벽 오만 년 역사에 있어 지난 시간은 고작 100년 안팎이다. 어르신들 부디 평안하시옵소서. 요양원이 멀어질 때까지 몇 번이나 뒤를 돌아보며 마음속 깊이 그분들의 행복한 여생을 심고했다.

타슈켄트 시가지를 적신 봄비

절기란 참 오묘했다. 오후 들어 하늘이 무겁더니 마침내 봄비가 흩뿌렸다. 봄이었다. 거리를 오가는 시민들의 모습에서도 활력이 느껴졌다. 우즈베키스탄의 새해맞이는 3월 21일이다. '나브루즈navruz'라고 부르는 이날 온 가족이 모여 전통음식을 먹으며 뜻깊은 한 해를 축복한다. 우리로 치자면 설날이다. 입춘부터 시작되는 비는 나브루즈를 전후로 절정을 맞는다. 그러면 비로소 봄이 완성된다. 즉 봄이 한 해의 시작이고 생명의 원천이자 활력의 요소였다.

봄비를 맞으며 돌아본 '무스타클릭 광장Mustaqillik Square'은 더욱 생동감이 넘쳐났다. '무스타클릭'은 우즈베크어로 '독립'이란 뜻이다. 즉 독립광장인 이곳은 26년 전까지만 해도

'붉은 광장' 또는 '레닌 광장'으로 불렸다. 그러다가 1991년 9월 1일 독립을 맞으며 광장 이름을 무스타클릭으로 교체했다. 구소련에 짓밟힌 1924년부터 결빙기였으니 독립은 거의 70년 만의 봄비였다. 그리고 그 생명의 비를 마중물로 오늘날의 새 역사를 쓰게 됐다.

그다음에 들른 알리셰르 나보이 문학박물관 또한 흩뿌리는 빗속이라 건물 외관의 정취부터 괜찮았다. 봄비는 문학 작품들에 많은 소재를 안겨줬다. 특히 알리셰르 나보이는 우즈베키스탄 문학의 시원始原이다. 그로부터 이 나라의 문학이 태동했고, 언어가 발달했으며, 다른 예술 작품들에도 많은 생기를 불어줬다. 따라서 그의 상징성은 봄이었고, 그의 작품들은 수많은 예술 작품들을 싹트게 한 봄비였으며, 그의 감수성은 우즈베키스탄의 미래를 연 촉촉한 대지였다.

히바행 비행기를 기다리며 인천공항에서 조철현 작가가 일러준 조명희 문학 코너 역시 나보이 문학박물관 4층에 있어 한편 반갑고 한편 서글펐다. 무엇보다 체포와 처형 과정을 담은 문서들이 눈에 밟혀 1920년대 천도교 중앙대교당 앞뜰을 거닐었을 그의 《개벽》 시대가 회상됐다. 그리고 그와 관계 맺었던 고려인 작가들의 사진과 많은 지식인의 사진을 바라보면서는 연해주로 망명한 뒤의 문학사적 업적을 되돌아보게 했다. 또 조명희 선생에게 바치는 여러 헌사와 그림을 통해서는 중앙아시아 고려인들의 인문적 자양분이 됐던 그의 넓고 깊었던 인품이 그려졌다.

이제 공항으로 갈 시각이 얼마 안 남았다. 마지막으로 들른 김병화박물관은 고려인들의 중앙아시아 개척사를 이해하는 데 여러 도움이 됐다. 김병화 선생은 1905년 연해주에서 태어난 고려인 1세대였다. 그는 1937년 중앙아시아로 강제 이주된 뒤 수백만 평의 황무지를 개간해 구소련 정부로부터 두 차례나 노력 영웅 훈장을 받았다. 박물관에는 그를 비롯한 고려인들의 황무지 개척사와 수난사를 느낄 수 있는 여러 자료들이 전시되어 있다. 타슈켄트를 찾는 한국인 관광객들에게 디아스포라 150년 역사의 한 토막을 생생하게 증언하는 유물들이다.

이 밖에도 타슈켄트에는 이슬람 성지인 '하즈라티 이맘 광장'이며, 우즈베키스탄 민족의 영원한 자존심인 '아미르 티무르 박물관'이며, 이 나라 문화 예술의 상징인 '나보이 국립극장'이며, 외국인 관광객들로 늘 북적이는 일명 '브로드웨이 거리' 등 둘러볼 곳이 많다. 하지만 이제 이 정도로 만족하고 떠나야 할 시간이었다.

그런 명소들을 보는 대신 아리랑요양원을 찾아 먼발치에서나마 고려인 어르신들께 인사드리고 온 오늘 여정이 만족스러웠다. 또한 칠순의 첫 봄비를 이곳 중앙아시아 한복판에서 맞게 됐다는 사실도 즐거웠다. 물은 축복이다. 물은 또 우주 생명이 진화 발전하는 과정에서 처음 형체를 갖게 된 만물의 젖줄이다. 따라서 동학 천도교는 모든 행사의 첫 순서를 청수봉전淸水奉奠 의식으로 시작한다.

"빗길이라 힘드셨죠?"

공항으로 가는 길 여행사 사장이 위로했다.

"별말씀을요. 제게 축복을 주신 한울님께 감읍할 따름입니다."

일단 거기까지만 대답했다. 김형석 선생께서는 인생 황금기가 60세부터 75세까지라고 했다. 그렇다면 내 나이 70은 인생 황금기 중에서도 가장 복판이다. 갑자기 의욕이 넘쳐났다. 할 일도 많아졌다. 오늘 내린 봄비는 내게 그런 역할을 부여한 하늘의 뜻이란 얘기를 해주려다 멈췄다. 그가 쉽게 이해할 사유思惟가 아니었다. 말보다는 실행이 중요했다. 오늘 봄비는 실행에 앞서 청수를 모신 셈이었다. 공항에 도착할 즈음 빗소리가 굵어졌다.

빗소리 선율은 대자연이 연출한 '청수봉전가' 합주였다. 청수봉전가 노랫말 한 줄 한 줄을 음미하며 공항으로 들어섰다. 이로써 히바에서 시작해 부하라와 사마르칸트를 거쳐 여기까지 온 5박 6일 동안의 모든 여정이 어느덧 마무리됐다.

> 맑은 물 파란 물 깨끗한 물을
> 성심으로 공경하여 정히 모시고
> 수심정기 일념으로 단정히 앉아
> 성주문 외는 소리 청수 위에 맴돌 때
> 세상 사람 깨닫나니 잠을 깨나니

동귀일체 개벽이다 지상 천국이도다

맑은 물 파란 물 깨끗한 물을

굳게 믿어 우러러 고이 모시고

정심수신 일심으로 단정히 앉아

성주문 외는 소리 청수 위에 높을 때

세상 사람 깨닫나니 잠을 깨나니

동귀일체 개벽이다 지상 천국이도다

공항 인터뷰 통해
중앙아시아 포덕 구상을 밝히다

"오늘 아침엔 정말 죄송했습니다."

조작이 아리랑요양원 일정을 챙기지 못해 미안하다고 사과했다.

"조만간 다시 올 겁니다. 그때 더 정성 들여 찾아뵈라는 하늘의 뜻이지요."

곁에 앉았던 일암이 고개를 끄덕였다.

"비자 면제됐다는 소식 들으셨죠? 이제 오가시기 편해졌으니 이른 시일 내에 저와 함께 이곳을 한 번 더 다녀가시지요."

조작이 웃으면서 인터뷰를 시작하자고 서둘렀다. 곧 우즈베키스탄 전문 잡지 하나가 창간된다고 했다. 오늘 인터뷰는 그 잡지에 실릴 예정이며, 민족 종교 지도자가 바라본 양국 관계가 중심 주제지만 이 나라 여행 소감을 곁들이면 더욱더 좋겠다고 설명했다.

먼저 이번 여행 소감부터 한 말씀 해주시지요.

사람들이 맑아 유쾌했습니다. 대부분 한울님을 모신 사람들의 표정이라 보기 좋았습니다. 동학 천도교 사상은 시천주 侍天主 세 글자에 잘 함축되어 있습니다. 수운 최제우 대신사님의 가르침을 담은 《동경대전東經大全》〈논학문論學文〉에 보면 이런 말씀이 있습니다.

'侍者 內有神靈 外有氣化 一世之人 各知不移者也 시자 내유신령 외유기화 일세지인 각지불이자야'라. 한울님을 진정으로 모시는 사람들은 내유신령內有神靈 즉 마음의 작용이든, 외유기화 外有氣化 즉 육신의 작용이든, 그 모든 것이 자기 뜻대로 되는 게 아니고 바로 한울님의 조화와 계시 속에서 이루어진다는 사실을 굳게 믿고 있습니다. 그런 믿음을 갖고 모심의 신앙을 하는 것이 곧 수운 대신사께서 말씀하신 '시侍'의 참뜻이라고 할 수 있습니다. '시侍'에 대한 스승님의 해설로도 알 수 있듯 동학에서 말하는 한울님은 먼 곳에 있는 신이 아니라 인간의 내면에 모셔져 있는 내재적 존재라는 사실입니다.

바로 이 나라 사람들의 표정이 그랬습니다. 아마 일찍이 조상 대대로 사인여천事人如天, 즉 해월 최시형 신사님의 가르침대로 '사람을 하늘처럼 섬기라'는 말씀을 잘 실천한 민족 같습니다. 즉 '사람이 곧 하늘이라' 했던 '인내천人乃天' 사상이 잘 스며든 모습들이라 자연 풍광과 사람들의 해맑음과 잘 보존된 유적들이 잘 어우러지는 나라로구나, 그런 생각을 하며 돌아봤습니다.

처음부터 너무 어렵게 말씀하시니 이해하기가 힘듭니다. (웃음) 한마디로 이번 여행 만족하셨다는 거지요?

(웃음) 내가 《동경대전》을 인용한 이유가 있습니다. 인터넷

시대를 맞아 요즘 사람들이 너무 쉬운 말만을 골라 읽으려는 세태가 있습니다. 불경 말씀 대부분이 한자어로 되어있습니다. 하지만 그 속에는 참으로 묵직한 말씀이 많습니다. 성경 또한 우리에겐 익숙지 않은 비유가 많습니다. 그렇지만 이해하려고 노력하면서 읽고 또 읽다 보면 그 속에서 오묘한 진리를 발견할 수 있습니다.

《동경대전》은 사실 조금 어렵습니다. 하지만 수운 대신사님의 또 다른 말씀인 《용담유사》는 가사문학체로 되어 있습니다. 당시 최제우 대신사께서는 아녀자들도 진리의 말씀을 쉽게 이해할 수 있도록 4음 4보격의 리듬이 있는 가사문학을 통해 비유도 담고, 시대적 담론도 제시하는 등 여러 좋은 말씀을 많이 남기셨습니다.

따라서 더욱 많은 사람이 우리 민족 사상을 담은 철학서 한 권쯤 독파해보겠다는 자세로 스승님의 말씀을 읽어보길 권하고 싶어 그렇게 시작한 것이니 이해 바랍니다. 이제부터는 그런 어려운 인용은 가급적 삼가면서 쉽게 말씀드릴 텐데, 한마디로 좋은 여행이었고 생각할 것도 많았던 여행이라 돌

우즈베키스탄은 다른 해외 여행지들과 확실히 다른 느낌을 가질 수 있어 좋았다. 그 모두가 고려인들 덕분이다. 타슈켄트를 떠나던 날 공항 인터뷰를 통해 나는 중앙아시아 포덕에 대한 원대한 구상을 밝혔다.

아가는 길이 가볍습니다.

어떤 점이 가장 기억에 남는지요?

(웃음) 우리 조작께서 불러주셨던 '아랄해를 낳네' 노랫말이요. 아무다리야강과 시르다리야강 이름은 그 덕분에 잊어먹지 않을 것 같습니다. 그런데 사실 그 노래가 기억에 남는

이유는 그 지역에 살던 우리 고려인들이 물이 마르면서 또 떠나야 했다는 가슴 아픈 역사 때문입니다. 그날 주신 이채문 경북대 교수님의 논문 오가며 잘 읽었습니다. 특히 그분께서 구술 채록해 담은 고려인 1세대들의 중앙아시아 개척사가 기억에 오래 남을 것 같습니다.

그 밖에도 신라 성곽을 많이 빼닮은 이찬칼라 토성도 기억에 남고, 사마르칸트에서 봤던 고구려 사신도도 아주 흥미로웠습니다. 그리고 오늘 둘러본 조명희 선생님 기념관과 김병화박물관 또한 우즈베키스탄을 여행하려는 사람들에게 추천할 만한 곳이라고 생각했습니다.

사실 이 나라 여행은 다른 나라 여행과 느낌이 다릅니다. 중국 여행을 가서도 계림이나 시안에서는 별로 흥미를 못 느꼈습니다. 하지만 임시정부가 있었던 상해나 윤동주 생가 터나 화성의숙 터가 있는 만주 지역을 여행할 때는 아주 신바람이 났었습니다. 즉 우즈베키스탄에는 고려인의 한과 수난사를 체감할 수 있는 역사적 공간들이 많아 학생들의 수학여행지로도 아주 좋을 것 같다고 생각했습니다.

양국 관계에 대해서는 어떤 생각을 해보셨는지요?

솔직히 내가 정치인도 아니고 경제인도 아니라서 깊이 생각해보지는 않았습니다. 다만 고려인들이 양국 관계에 있어 아주 좋은 역할을 하고 있다는 생각 정도는 해봤습니다. 그리고 자원이 풍부한 나라이고, 새 대통령 시대를 맞아 우리 고려인들을 중용하는 등 한국과 좋은 관계를 유지해가려는 국가인 만큼 문재인 대통령의 신북방정책에 많은 도움이 될 것 같다는 생각을 해봤습니다.

어디서 읽은 내용입니다만 이 나라에 와있는 우리 대사가 4강 대사 대접을 받는다고 해서 흐뭇했습니다. 또 이 나라 새 대통령이 취임 첫해에 우리나라를 국빈 방문했다는 게 여러 시사점을 남깁니다.

그 양반이 취임 첫해 방문한 나라가 중앙아시아 국가들을 제외하면 고작 러시아와 터키, 중국 정도인 걸로 알고 있습니다. 러시아와 중국은 전통적인 사회주의 우방국입니다. 또 터키는 이슬람 동맹국입니다. 그렇게 본다면 미국보다 먼저, 일본보다 먼저 찾은 한국 국빈 방문은 분명 여러모로 유의미한 일입니다.

남북 정상회담 전망은 어떻게 보시는지요?

우리 동학 천도교에서는 각자위심各自爲心을 버리라는 말씀을 큰 가르침으로 삼고 있습니다. 즉 자기 사익만을 추구하는 세태를 일찍부터 꾸짖어온 것이지요. 남북 정상이 각자위심을 버리고 마주 앉기만 한다면 모든 것이 순조롭게 풀릴 것이라고 확신하고 있습니다.

이 과정에서 미국이나 중국도 각자위심을 버려야 할 것입니다. 내 생각엔 3월이나 4월쯤 첫 정상회담이 열리고, 북한과 미국의 역사적인 만남도 어떤 방식으로든 추진될 거라는 믿음이 있습니다. 오늘이 대동강 물도 풀린다는 입춘 절기 아닙니까?

저는 이제 며칠 뒤 개막될 평창동계올림픽이 남북 관계의 입춘 절기에 해당하는 역사적인 빅 이벤트가 될 것이라 보고 있습니다. 참 국운이 좋습니다. 세 번이나 떨어져 가며 재추진할 때 동계올림픽 유치에 대한 말들이 많았는데, 한울님의 큰 뜻이 이런 데 있었구나, 다 때가 있다는 진리를 다시 한번 생각하게 됐습니다.

남북문제가 해빙되면 동학 천도교도 할 일이 많겠지요?

물론입니다. 동학 천도교는 나라가 어려울 때마다 목숨까지 바쳐가며 큰일들을 많이 해온 대표적인 민족 종교입니다. 북한에서도 우리 천도교를 최대한 예우하고 있습니다. 제가 상임의장을 맡은 동학민족통일회가 적극적으로 나서 길림에 있는 화성의숙樺成義塾부터 복원해야겠다는 계획을 하고 있습니다.

화성의숙은 독립군 장교 양성소였습니다. 김일성 주석이 그곳에서 수련했습니다. 그리고 당시 숙장은 손병희 성사의 애제자이자 우리 천도교 출신 독립운동가인 최동오 선생이셨습니다. 이런 인연으로 김일성 주석도 우리 천도교를 무척 존중하게 됐습니다.

    화성의숙 복원을 매개로 남북 천도교 지도자들이 자주 만나 합동 시일식을 개최하자는 계획도 세워놓고 있습니다. 또 겨레얼큰사전 남북 공동편찬사업 같은 프로젝트도 개발해 그동안 많이 달라졌을 남북 간 동학통일사전도 만들고, 또 오늘 조명희 선생 기념관에 들러서는 《개벽》 창간 정신을 살려 남북해외민족문학상을 제정해보면 어떨까, 그런 생각도 해봤습니다. 조금 전 공항으로 오면서는 '조명희문학상' 같은 이름이 가장 적절하겠다는 생각까지 했습니다.

    좋은 말씀 잘 들었습니다. 끝으로 마무리 한 말씀 들으면서 오늘 인터뷰 마칠까 합니다.

    우리 '조작'께서 제게 이런 말을 해주셨습니다. 고려인들의 DNA 속에는 어떤 형태로든 동학 천도교의 정신이 스며들었을 거라는 말씀이오. 직접적으로는 블라디보스토크 교구의 영향이 있었을 테고, 간접적으로는 조명희 선생 같은 분이 함께했던 《개벽》지 영향 또한 컸을 거라고 얘기해줘서 고마웠습니다.

한데 여기 와서 몇몇 고려인을 만나봤는데 이제는 그 혼이 단절된 것 같아 아쉬웠습니다. 아마 황무지 땅을 개척해가며 우선 굶어 죽지 않아야 한다는 극단적 수난 시대라 그랬을 테고, 다른 한편으로는 사회주의 무신론자들의 종교 말살 정책이 나쁜 영향을 미쳤으리란 생각도 해봤습니다.

오늘 저는 아리랑요양원 담장에 서서 중앙아시아 교구를 만들어보겠다고 다짐했습니다. 물론 저 혼자 할 수 있는 일은 아닙니다. 돌아가는 대로 여러 지도자께 제 생각을 낱낱이 밝히면서 이 일만큼은 우리가 반드시 해야 할 일이라고 분명하게 밝힐 생각입니다.

제가 지난번 교령 선거에서 낙선했습니다. 이 역시 한울님의 뜻이라고 생각했습니다. 아마 교령직에 당선돼 그 자리에 있었다면 이번 여행은 꿈도 못 꿨을 겁니다. 내년 3·1운동 100주년을 준비해야 하고, 또 동학혁명 국가기념일 제정 등 해야 할 일이 많아서요. 그런데 그 자리보다는 조금 덜 바쁘다 보니 이런 여행도 동참할 수 있어 좋았습니다. 다 때가 있느니라, 이런 진리를 다시 생각하게 된 좋은 계기였습니다.

우리 조작께서도 많이 도와주면 고맙겠습니다. 차제에 동학 천도교에 입교해서 함께 중앙아시아 포덕에 나서주면 좋겠는데 나의 그런 소망 이루어지리라 심고하며, 그 또한 때를 기다려볼 참입니다. 서울 가서도 자주 만나 막걸리 한잔하며 여러 이야기 나누면 좋겠습니다. 어떻습니까? 조 선생. (웃음)

제4장

그리고 그 뒤 : 2018~2019

2018 여름 지나 겨울 너머

　중앙아시아 여행에서 돌아온 지 얼마 안 돼 낭보가 들려왔다. 3월 29일 판문점 북측 지역 통일각에서 '2018 남북 정상회담 준비를 위한 고위급 회담'이 열린다는 소식이었다. 이 회담을 통해 마침내 4월 27일 남북 정상회담이 개최됐다. 2007년 노무현 - 김정일 두 정상 간 만남에 이어 11년 만에 성사된 굿뉴스였다. 결국 문재인 대통령의 중앙아시아 순방도 불가피하게 연기됐다.

　남북 정상회담의 좋은 결과는 6월 12일 역사적인 첫 북미 정상 간 만남으로 이어졌다. 한반도를 둘러싼 정세가 급변하는 중이었다. 동학민족통일회 상임의장으로서 마음이 바빠졌다. 더군다나 우즈베키스탄 여행에서 돌아온 직후 나는 '민간 통일 운동과 한반도 평화통일 기반 조성에 기여한 공로'로 통일부 장관상을 받았다. 어깨가 더욱 무거웠다.

동민회가 주관하는 통일 관련 시민 강좌의 주제부터 재점검해 2018년 한 해만큼은 이를 신축적으로 운영하기로 했다. 그 결과 6월 12일 북미 정상회담 뒤 곧바로 열린 제2차 동민회 시민 강좌는 '북미 정상회담과 남북 관계 전망'(강사 정성장 세종연구소 연구기획본부장)이란 주제를 앞세웠다. 그리고 7월에 열릴 행사의 주제 또한 '분단 시대의 종언과 평화 시대의 개막'(강사 김진향 개성공업지구재단 이사장)이란 파격적인 주제를 선택했다.

이처럼 급변하는 정세에 맞춰 동분서주하고 있을 무렵 안타까운 소식 하나를 듣게 됐다. 김 블라디미르라는 고려인 시인 얘기였다. 김 시인은 우즈베키스탄 출신으로 타슈켄트 문학대학과 의과대학에서 러시아문학 교수를 지낸 사람이라고 했다. 그러다 2012년 할아버지의 땅을 찾아 한국에 와서 지금은 광주광역시에서 일용직 노동자로 생활하고 있다고 했다.

"그 양반이 한국에 온 직후 첫 시집을 냈는데 반응이 아주 좋았답니다. 그래서 그 뒤로도 어렵게 살면서 틈틈이 시작詩作을 해왔는데 두 번째 시집 발간 비용을 마련하지 못해 광주 고려인마을 사람들이 십시일반 모금 운동을 시작했다는군요. 그런데 그곳 사람들도 사는 게 넉넉하지 않아 상황이 지지부진한 모양입니다."

김 블라디미르 시인의 사연을 듣고 온 일암 표정이 어두웠다. 그러면서 그의 시 한 편을 낭독해주는데 가슴이 저렸다. 시 제목이 '회상 열차 안에서'였다. 그리고 그 아래 붙은 부제가 '1937년 고려인 강제 이주 경로를 따라서'라고 했다.

일암은 김 시인이 '중앙아시아 고려인 정주 80주년'을 맞아 2017년 7월 주최 측 초청으로 '고려인 강제 이주 80주년 기념 회상 열차'를 탔다고 했다. 그리곤 고려인 강제 이주 경로를 따라 러시아 블라디보스토크에서 카자흐스탄의 우슈토베와 옛 수도인 알마티까지 이동하며 김 블라디미르 시인이 직접 지은 시라고 덧붙였다.

회상 열차 안에서

이미 가버린 이들을 기억하는 우리의 열차
정확히 80년 전에 강제 이주를 당한…
무엇 때문에? 이에 대한 답이 없는 것처럼
우리는 이주를 당할 아무런 이유가 없었네.

달리는 열차 안에서 나는 창밖을 보네
숲속의 풀, 자작나무, 포플러…
나는 부모님의 탄식 소리를 듣네
그분들은 내 영혼과 심장에 영원히 살아계시네. (중략)

민족은 하나요, 분열되어서는 아니 되리라
우리는 당신 세대들 앞에 머리를 숙입니다.
편히 잠드소서! 당신들 모두를 기억하겠습니다.
이 열차는 기억의 열차, 존경의 열차!
잊지 않으리라! 당신들은 우리 가슴에 영원히 살리라!

일암이 그의 시를 낭독하는 순간 조용히 눈을 감았다. 그리곤 '민족은 하나요, 분열되어서는 아니 되리라'고 호소했던 그의 시구절에서 다시 타슈켄트 아리랑요양원을 떠올렸다. 그분들 모두의 마음이 바로 저 마음이리라. 아마 그분들 역시 지금쯤 남북 정상이 만나 얼싸안았다는 소식을 듣고 분열되어서는 안 되는 민족의 미래를 깊이 염원하며 심고하시리라, 가슴이 아려왔다.

"일암, 이렇게 하십시다. 일암이 편집은 맡으시고, 제작비는 내가 보탤 테니 도와주십시다. 그리고 조작한테 부탁해 우즈베키스탄 전문 잡지에도 매달 그 양반 시를 게재해 원고료라도 챙겨드리면 좋겠는데, 어떠신가?"

일암의 동의로 일은 일사천리로 진행됐다. 그리고 드디어 7월 7일 광주 고려인마을에서 김 블라디미르 시인의 두 번째 시집 출판기념회를 갖게 됐다. 동학민족통일회가 문화관광부 후원으로 매년 개최하는 '2018 청소년 인성 교육'을 겸한 자리였다.

"한국인과 고려인은 눈빛만 봐도 서로를 알 수 있는 하나

김 블라디미르 시인의 두 번째 시집 출판기념회를 겸해 광주 고려인마을에서 '더불어 고려인' 행사를 가졌다. 나는 인사말을 통해 "오늘 이 행사가 동학 DNA의 원형을 찾고자 하는 첫 출발점이 될 것"이라고 강조했다.

입니다. 1864년 신천지를 꿈꾸며 두만강을 건넜던 고려인의 DNA 속에 동학 정신 고유의 맛이 잘 간직되어 있으리라 믿습니다. 광주 고려인마을에서 열리는 '더불어 고려인' 행사는 동학 정신의 원형을 찾는 첫 출발점입니다. 이런 귀한 자리를 만들어주신 모든 분과 두 번째 시집을 낸 김 블라디미르 시인께 감사드립니다."

나는 인사말을 통해 동학 DNA를 재차 강조했다. 행사장에는 2002년부터 광주 고려인마을을 이끌고 있는 신조야 회장과 이천영 목사, 박용수 동행위원장, 그리고 바쁜 시간을 쪼개 이날 광주까지 내려와서 주제발제를 해준 이찬구 겨레얼살리기운동본부 사무총장과 우즈베키스탄을 사랑하는 사람들의 모임인 UMID의 김윤세 회장 등이 참석해 김 블라디미르 시인을 축하했다. 그리고 이를 도운 우리 동학 천도교에도 깊은 감사를 표해 흐뭇했다.

"의장님, 여기 이분이 '고려아리랑'을 직접 작사하신 분입니다."

일암이 김병학 시인이라는 분을 소개했다.

"아니, 이런 유명한 분을 이런 자리에서 직접 뵙게 되다니요. 원동 땅 불술기에 실려~. 내가 지난겨울 우즈베키스탄에 갔다가 부하라에서 그 노래 이야기를 처음 듣고 얼마나 큰 감동을 받았는지 모릅니다. 그런데 그 노래를 만든 분을 이렇게 직접 뵙게 될 줄이야…"

실로 반가움이 컸다. 김병학 선생은 20대에 카자흐스탄으로 건너가 25년가량을 현지에 머물며 아이들에게 한글을 가르치면서 고려인 역사 자료들을 모으는 데 집중해온 사람이라고 했다. 그 결과 사료적 가치가 높은 자료 2만여 점을 갖고 2016년 한국으로 돌아와 고려인역사박물관을 추진 중이라고 했다. 그러고 보면 참 대단한 분이 많다. 언젠가 기회가 되면 이분을 모셔다 특강 기회를 한 번 마련해야겠다고 생각했다.

'더불어 고려인'이라는 이름으로 치른 청소년 인성 교육 행사도 제법 만족스러웠다. 광주 고려인마을 청소년들과 함께 청주 의암성사 기념관과 천안 독립기념관을 방문해 3·1운동 당시 동학 천도교가 어떤 역할을 했는지 알려줄 수 있어 좋았고, 앞으로 고려인과 천도교가 이번 행사 주제 그대로 '더불어' 여러 좋은 일을 많이 펼쳐가자고 다짐한 기회이기도 했다.

백두산 동귀일체, 금강산 동귀일체

4월 첫 만남에 이어 5월 26일 다시 남북 정상회담이 열렸다. 비록 세 시간가량의 짧은 만남이었지만 이를 바라본 시민들의 느낌은 강렬했다. 마침 6월 12일 싱가포르 첫 북미 정상회담이 열리기 직전이라 세계 모든 주요 언론들도 한반도로 집중됐다.

이후 문재인 대통령은 9월 18일부터 20일까지 평양을 방문했다. 봄에 뿌린 씨앗이 무르익어 김대중 대통령과 노무현 대통령에 이은 세 번째 평양 정상회담을 성사시킨 것이었다. 또한 2018년 한 해에만 세 번째 만나는 정상 간 재회였다.

이를 계기로 양측 정상 내외는 백두산에 함께 올랐다. 그리곤 천지를 배경으로 손을 맞잡은 채 민족 통일에 대한 동귀일체同歸一體를 다져 많은 사람이 감동했다. 동귀일체란 무엇인가? 국어사전은 '천도교에서 인간의 정신적 결합을 뜻하는 말'로 '저마다 다른 마음을 이겨내고 한울님의 참뜻으로 돌아가 한 몸같이 되는 일을 이른다'고 풀이하고 있다. 즉 각자위심各自爲心을 내려놓고 통일에 대한 민족적 염원 하나로 맞잡은 두 사람의 따뜻한 손이기에 이를 바라보는 모든 사람이 환호했다.

그로부터 5개월 뒤 나는 민화협 공동의장 자격으로 금강산을 방문했다. '남북 공동 선언 이행을 위한 2019년 새해맞이 연대 모임' 행사에 참석하기 위한 자리였다. 2차 하노이 북미 정상회담(2월 17~28일)을 앞둔 시점이라 이를 바라보는 여론의 관심이 매우 컸다. 또 많은 언론이 '금년 들어 열리는 첫 대규모 교류'라는 헤드라인으로 향후 전개될 남북 간 민간 교류에 대한 기대감을 키우기도 했다.

2월 12일 새벽 다섯 시 반 서울에서 출발했다. 그리고 오전 열 시 남측 CIQ(출입경사무소)를 통해 북녘땅으로 들어섰다. 북측 사람들과 해외에서 온 사람들은 전날 평양에서 출발해 열 시간 가까이 이동해 금강산으로 들어섰다고 했다.

12일부터 13일까지 이틀에 걸쳐 열린 '새해맞이 행사'에는 남측 250여 명, 북측 100여 명, 그리고 해외 50여 명 등 400명가량이 참석했다. 참석자들 모두가 남북 공동 선언 이행으로 한민족 공동 번영을 함께 이루자는 의지를 보이며 남북 정상에 이은 또 한 번의 금강산 동귀일체를 연출했다.

민화협 공동의장 자격으로 방문한 자리다 보니 여러 일로

2019년 2월 12일부터 13일까지 금강산을 찾았다. '남북 공동 선언 이행을 위한 2019년 새해 맞이 연대 모임' 행사에 참석해 리명철 천도교청우당 부위원장, 려정선 서기장 등과 만나 남북이 함께해나갈 향후 과제들에 대해 숙의했다.

분주했다. 하지만 리명철 천도교청우당 부위원장을 만난 기쁨이 가장 컸다. 3대째 이어온 계대교인으로, 그의 선친은 청우당 평북도 의장을 지낸 독실한 천도교도다. 또 려정선 서기장을 만난 반가움도 컸다. 이들이 머리를 맞대면서 앞으로 화성의숙을 복원해나갈 중추적인 북측 인사들이었다.

이들과 밤늦은 시각까지 여러 이야기를 나눴다. 하지만 이야기 하나하나를 지금 기록해두는 것은 다소 성급한 일이다. 그래서 생략할 수밖에 없다. 일이 좀 더 구체화되면 우리가 만나 어떤 점을 고민했고, 보고 싶었던 마음을 어떻게 표현했으며, 또 우리가 앞으로 해나가야 할 일은 어떤 것들이었는지를 자세히 이야기할 기회가 있으리라 본다. 어서 하루빨리 그런 날이 오기만을 기다릴 뿐이었다.

13일 오후 작별 행사에서 양측은 '새해맞이 행사'에 참석했던 모든 사람의 바람을 '8천만 겨레에게 드리는 호소문'에 담아 낭독했다. 그 요지는 '남북 정상이 놓은 통일 궤도를 제대로 힘차게 달려보자'는 것이었다. 그리고 그 방법론적 최우선 과제는 무엇보다 '각자위심을 버리고 동귀일체여야 한다는 것', 바로 그 점 하나로 귀결됐다. 따라서 이를 지켜보는 남북 천도교 지도자들의 표정은 시간이 갈수록 이심전심으로 밝아졌다.

2019 봄과 여름 사이

3월 15일 정기전국대의원대회를 통해 임기 3년의 제57대 천도교 교령으로 선출됐다. 당선 인사에서 "천도교인들이 행복하게 신앙 생활하도록 각종 제도를 개혁하겠다"고 말했다. 4월 1일 취임 전까지 스승님의 말씀을 하나하나 다시 되새기며 몸과 마음을 더욱 정갈히 할 생각이다.

3월 20일 지난해 우즈베키스탄 여행을 함께했던 조철현 작가는 지금 타슈켄트에 있다. 문재인 대통령이 4월 20일쯤 우즈베키스탄을 국빈 방문한다. 그 시점에 맞춰 미르지요예프

정기전국대의원대회를 통해 임기 3년의 제57대 천도교 교령에 선출됐다. '모시고 새롭게'라는 슬로건 아래 한울님을 모시고, 동덕들도 모신 가운데 제도 개혁 등 천도교의 중흥을 위해 많은 일을 추진해나갈 예정이다.

대통령 책을 다시 쓰고 있다고 했다. 조 작가가 현지에서 '모시고 새롭게'라는 카피를 보내왔다. 이제 이 슬로건으로 향후 3년 동안 한울님을 모시고, 동덕들도 모시고, 모든 것을 새롭게 바꿔볼 생각이다. 조작에게 고맙다는 문자를 보내며 1년 전 그와 함께 여행하며 만났던 중앙아시아 고려인들을 다시 생각했다.

3월 25일 '포덕 160주년 천일기념식 및 교령 취임식'에 대한 대형 현수막이 수운회관에 내걸렸다. 일암이 디자인해 내건 현수막을 보며 오가는 사람들이 '포덕 160년'이란 말을 궁금해했다. 1860년 수운 대신사께서 동학을 창도했다. 동학 천도교는 그해를 포덕 원년으로 삼고 있다. 그로부터 160년이 흘러 어느덧 '포덕 160년'을 맞게 됐다.

4월 1일 교령 취임 첫날이었다. 교령사에 들어서니 앞서 수고하셨던 많은 선배 교령들의 얼굴이 스쳐갔다. 아주 어릴 적 우암 종법사님께서 교당 거울 좀 닦으라고 하시면서 '이런 작은 일부터 잘해야 큰일도 잘할 수 있다'고 하셨던 말씀도 떠올랐다. 많은 분으로부터 축하 인사를 받았다. 어깨가 더욱 무거워지는 하루였다.

4월 5일 천일기념식과 교령 취임식을 봉행했다. 이종찬 국립임시정부기념관건립위원장과 이우성 문화체육관광부 종무실장, 이홍정 NCCK 총무목사 등이 참석해 자리를 빛내줬다. 문재인 대통령이 축하 화환을 보내줘 단상 앞에 잘 모셨다. 교령 취임사를 통해 "올해는 천도교가 주도한 동학혁명이 국가기념일로 지정되고 3·1 독립운동 100주년이 되는 해로 특별한 의미가 있다"고 전하면서 "동학혁명과 3·1운동에서 보여준 화합의 정신을 재현해 병든 사회병리 현상을 동귀일체하는 사회 공동체로 전환하는 지혜를 발휘해가자"고 강조했다.

4월 20일 문재인 대통령이 중앙아시아를 순방 중이다. 연일 관련 기사가 쏟아졌다. 특히 이번 순방에서는 중앙아시아를 무대로 활동했던 계봉우 애국지사와 황운정 애국지사의 유해를 봉환한다고 한다. 참 뜻깊은 일이다. 조철현 작가가 현지에서 문 대통령과 함께 찍은 사진이라며 뿌듯한 표정의 사진 한 장을 보내왔다. 그가 '밀양아리랑' 곡조에 맞춰 불러줬던 '아랄해를 낳네~' 노랫말이 다시 떠올라 슬며시 웃어봤다.

4월 24일 며칠 전 동아일보 종교 담당 기자와 인터뷰를 했다. 그 기사가 오늘 신문에 나와 많은 사람으로부터 인사를 받았다. 다음은 오늘 아침 자 동아일보 인터뷰 기사 전문이다.

> 올해 천도교는 수운 대신사(최제우)가 동학(천도교)을 창도한 지 160년을 맞는다. 그는 양반 아이가 나이 지긋한 노비에게 하대하던 시대에 '세상 모든 사람은 누구나 근원적으로 평등하다'는 혁명적인 가르침을 내렸다. 노비 문서를 불태웠고 자신의 두 여종 가운데 한 명은 딸, 한 명은 며느리로 삼았다. 민중의 큰 호응을 얻은 동학은 동학농민혁명을 일으켰고, 100년 전 3·1운동을 주도했다. 5일 새로 취임한 송범두 천도교 교령(70)을 22일 서울 종로구 수운회관에서 만났다.

천도교가 3·1운동을 주도했던 힘은 무엇인가.

"보국안민輔國安民 정신이다. 의암성사(손병희)는 1910년 경술국치를 당하고 땅을 치며 '10년 안에 나라를 되찾겠다'고 각오했다. 우이동 산골에 수련장을 지어 젊은이 483명을 훈련시키며 정신 무장을 시켰다. 이들이 나중에 각지에서 3·1운동 궐기를 이끌었다. 중앙대교당을 짓는다는 명목으로 모은 건립 자금의 대부분을 일제 감시를 피해 독립운동 자금으로 썼다. 3·1 독립선언서 역시 천도교 인쇄소인 보성사에서 3만 5,000장을 비밀리에 인쇄해 천도교 조직을 통해 전국에 배포했다. 천도교가 이렇게 철저히 준비했기에 3·1운동이 일어날 수 있었다."

당시 인구 1,700여만 명 가운데 교인이 300만 명에 이르렀던 천도교는 일제의 극심한 탄압과 분열 책동에 내몰렸다. 당시 장안에는 "천도교는 이제 굶어 죽는다"는 소문이 났다고 한다. 천도교는 동학농민혁명 당시 수십만 명이 희생됐다. 1, 2대 교주 최제우, 최시형이 처형됐을 뿐 아니라 3·1운동을 이끈 3대

교주 손병희까지 옥고 끝에 서거했다. 송 교령은 "대를 이어 참혹한 형벌에 수장을 잃은 종단은 천도교뿐일 것"이라며 새삼 안타까워했다.

"천도교는 나라를 침탈당하는 상황에서 주인이 주인 되고, 사람이 사람답게 사는 세상을 바랐다. 오늘날 그런 뜻이 많이 묻힌 것 같아 가슴이 아프다. 5월 11일 기념행사에서 막상 천도교는 소외됐다. 동학군은 청수淸水를 모셔놓고 마음에 고하는 기도를 하고, 힘을 내도록 주문을 외고 난 뒤 목숨을 걸고 죽창을 들었다. 그런 정신을 식전 식후 행사에라도 담을 수 있을 텐데 행사 계획에서 전혀 찾아볼 수 없다."

인터뷰 자리에 동석한 교인이 "주최 측이 천도교와는 상의를 전혀 하지 않았다"며 "요즘 격분한 교인들의 전화가 중앙총부에 빗발친다"고 덧붙였다. 경남 남해 출신인 송 교령은 초등학교 때 70, 80대 어른들도 어린이에게 존대하는 천도교의 모습이 고귀해 보여 입교했다. '어린이'라는 말을 만들어낸 것이 천도교다.

"어른들이 어린이와도 꼭 마주 보고 큰절을 했다. 지금은 입식 생활을 하니 서서 맞절하지만. 천도교는 교인 누구나 설교를 할 수 있고, 교리와 교직에 성별을 포함해 어떤 구별도, 막힘도 없다. 해월신사(최시형)가 어느 집에 가 베 짜는 소리를 듣고 '누가 짭니까'라고 물었다. 집주인이 '며느리입니다'라고 답했다. 해월신사가 다시 '아닙니다. 한울님이 짜는 겁니다'라고 했다. 천도교 종지宗旨가 '사람이 곧 하늘(인내천·人乃天)'이고, 덕목이 사람을 한울님처럼 모시라는 '사인여천事人如天'이다."

앞으로 계획은….

"천도교인으로서 진실하게 신앙 생활하는 도인이 6만~7만 명 된다. 입교식을 하는 이들도 꾸준히 늘고 있지만 교세가 선대의 업적에 비할 수 없는 게 사실이다. 재도약을 위해 뒤떨어진 일부 제도부터 다듬을 생각이다."

4월 27일 지방 교구 순방 첫 순서로 남해를 찾았다. 지난해

가을 새롭게 개통한 노량대교를 건너며 만감이 교체했다. 건너편으론 남해대교가 옛날 모습 그대로 서 있었다. 스물여덟 살 시절 맨손으로 상경하며 바라봤던 그 다리가 나의 지난 세월을 기억했다. 갑자기 2002년 환원하신 어머니가 떠올라 눈시울을 붉혔다. 연세가 들어 저 다리를 건너 고향 마을을 떠나 서울로 가시면서 어머니는 무슨 생각을 하셨을까. 교령이 되어 고향을 다시 찾는 아들에게 어머니는 하늘에서 지금 과연 어떤 말씀을 하고 싶으실까.

남해중앙교당 시일식 봉행과 남해군 인사들이 마련해준 교령 취임 환영식에 참석했다. 정현태 전 군수, 류경완 경남도의원, 하복만·김종숙·정현옥 군의원, 양경모 민주당남해연락소장, 이인효 남해군 산업경제국장 등과 기념 촬영을 하는 등 모처럼 즐거운 시간을 갖고 돌아왔다.

5월 11일 첫 '동학농민혁명 국가기념일'을 맞아 기념식에 참석했다. 5월 11일은 동학농민군 황토현 승전일로, 정부는 지난 2

월 이날을 '동학농민혁명 국가기념일'로 공식 지정했다. 서울 광화문광장에서 개최한 기념식에서 이낙연 총리는 기념사를 통해 "오늘 처음으로 동학농민혁명을 국가기념일로 기념하고 있다"면서 "사람을 하늘처럼 받드는 세상을 만들고자 했던 의로운 혁명이 125년 만에 비로소 합당한 인정을 받게 됐다"고 말했다.

하지만 청수봉전 의식이 생략됐던 행사라 아쉬움이 컸다. 이 날의 진정한 의미를 되새겼다면 청수부터 모셨어야 옳은 일이었다. 기념식을 마친 뒤 이 총리와 환담하는 자리에서 이 문제를 지적했다. 이 총리가 경청했으니 내년 기념식 때부터는 이에 대한 개선책이 나오리라 기대했다.

6월 11일 아침부터 동덕들의 항의 전화가 빗발쳤다. 특히 천도교 어르신들의 꾸짖음이 컸다. 오늘 아침 기독교 계열의 한 언론에 보도된 '한국교회, 천도교서 빌린 3·1운동 자금 5,000원 갚는다' 제하의 기사 때문이었다. 3·1 운동 당시 천

국가기념일로 처음 지정한 '동학혁명기념식'에 참석했다. 행사를 마친 뒤 이낙연 국무총리와 많은 이야기를 나눴다. 특히 뜻깊은 이번 기념식에서 '청수봉전' 의식이 생략돼 많은 아쉬움을 남겼다고 지적했다.

도교는 지금 돈 100억 원대에 해당하는 거액을 기독교 측에 지원했다. 그런데 서울 종로 옛 태화관 터에 마련 중인 '3·1독립선언광장' 조성을 계기로 기독교 측이 뭔가 잘못된 생각을 하고 있다는 지적들이 나왔다. 다음은 이와 관련된 언론 기사 일부다.

1919년 3·1운동을 앞두고 한국교회 지도자인 이승훈(1864~1930)은 천도교도인 최린(1878~1958)을 만나 양 교단이 연합해 만세 운동을 추진하기로 의기투합했다. 이승훈은 그해 2월 20일 최린에게 "(기독교 측) 동지들까지 각기 분담해 다소간이라도 변통해보자고 했으나 시기가 급박해 도저히 불가능할 것이니 천도교 측에서 우선 5,000원만 돌려주면 만사여의할 듯 싶다"며 도움을 요청했다. 천도교 지도자 손병희(1861~1922)는 당시 회관 건축을 위해 마련해둔 자금에서 5,000원을 내어 기독교 측에 전달했다. (중략)

한국교회가 1919년 3·1운동을 준비하며 천도교에서 빌린 5,000원을 100년 만에 갚기로 했다. 이 돈은 3·1운동에 앞장선 기독교, 천도교, 불교 등 종교인들을 기념하는 표지석을 세우는 데 보탠다. 표지석은 기독교 등 3개 종단의 대표 종교인과 역사학자가 참여하는 '종교인연합 3·1운동백주년기념비 건립추진위원회'(공동대표 이만열, 박남수, 일조)가 주관해 태화관 터에 설립된다. (하략)

6월 20일 기독교 측 인사들을 비롯한 여러 관계자가 6월 11일 자 기사와 관련해 천도교 교령사로 사과 방문을 왔다. 나는 그들의 잘못된 인식을 조목조목 지적했다. 다음은 그날 있었던 내 발언의 핵심 요지다.

이번 일이 순수한 마음에서 미래를 위해 시작한 일이라는 것을 나는 믿는다. 그러나 그 순수한 의도와 마음이 진행 과정에서 훼손되고 말았다. 시작과 뜻이 순수하면 과정과 결과도 그러해야 한다. 그런데 그러지 못했다. 나도 어떻게 처리할지 몸 둘 바를 모르겠다.

처음 박남수 전 교령으로부터 "기독교 측이 100년 전 천도교에서 빌린 돈 5,000원을 갚겠다는 의사를 물어와 거부 의사를 표하였다"는 말을 듣고 "거부한 것은 잘한 일이다"라고 한 적이 있다. 그런데 언론 기사에 '빚을 갚겠다'는 제목의 기사가 난 것을 보고 할 말을 잃었다. 당시 손병희 성사께서는 빌려준다는 의식 없이 큰 결단을 내리신 것인데 후손들은 마치 빌려준 돈을 받으려는 모양새가 됐다. 천도교 선대 분들에게 죄송스러운 마음뿐이다. 후손들의 못난 결과가 아닌가 생각될 뿐이다.

지금 천도교 지도부 안에서는 기독교 측의 기사 왜곡에 분노가 크다. "갚겠다면 이자까지 계산해서 돈을 받자"는 의견부터 "천도교 본부 안에 우리가 독자적으로 표지석을 세우고 기독교 측에 참여하라고 하자"는 의견까지 나오고 있다. 비록 교세는 약하지만 천도교 안에는 뼈대와 같은 분들이 계시다. 그리고 조금 전 기독교 측 지도부의 생각과 달리 그런 기사가 난 거라고 해명했는데 그게 더 문제다. 기념비가 건립된 후에도 지도부 의사와 관계없이 기독교인들이 천도교를 폄하하는 의사와 행동을 취하지 않으리라고 장담할 수 있겠는가? 재발 방지가 중요하다.

이에 본인은 두 가지를 제안하고자 한다. 첫째는 사후에 이런 일이 재발하지 않도록 기독교 측에서 재발 방지책을 마련하는 것이며, 둘째는 지금 여론 상황이 좋지 않으니 기념비 건립을 연기하는 것이다. 처음에 가졌던 순수한 마음이 좋은 결실을 맺기 위해서는 불가피하다. 나도 곤혹스러운 입장이나.

이에 대해 시기를 늦추면 이번 일을 추진하는 서울시가 어떻게 나올지 모르겠다고 우려하는 의견도 있었다. 하지만 그게 중요한 게 아니었다. "시작과 뜻이 순수하면 과정과 결과도 그러해야 한다"는 점을 다시 한번 강조하며 나는 "순수성이 담보되지 않으면 이번 일에 찬성할 수 없다"고 단호하게 거절했다.

6월 30일 텔레비전으로 사상 첫 남북미 정상회담을 지켜봤다. 역사적인 사건이다. 비록 잠깐이지만 트럼프 대통령은 66년 분단의 선을 넘기도 했다. 그날 밤 다시 작은형님 꿈을 꿨다. 마침 51주기 기일이 며칠 전이었다. 이런 좋은 세상 못 보고 분단의 최전선 철책 앞에서 스물일곱 젊은 나이로 비극을 맞았던 작은형님이 애절했다. 다시는 그런 비극이 없기를 바라면서 오늘의 역사적인 사건이 깜짝 이벤트로 끝나지 말고 계속 이어지길 마음속 깊이 심고했다.